Das **DaZ-Buch**
Übungsbuch 2

Alles Digitale zu diesem Buch kann auf der Lernplattform
allango von Ernst Klett Sprachen abgerufen werden. So geht's:

QR-Code scannen oder **www.allango.net** aufrufen	Buchtitel oder ISBN in der Suche eingeben und auf das Buchcover klicken	Zum Inhalt navigieren, direkt abrufen oder speichern

Zu diesem Buch auf allango verfügbar: **Audios, Lernwörter-Spiele, Einstufungstest, Quizfragen**

1. Auflage   18 | 2025

Alle Drucke dieser Auflage sind unverändert und können im Unterricht nebeneinander verwendet werden.
Die letzte Zahl bezeichnet das Jahr des Druckes. Das Werk und seine Teile sind urheberrechtlich geschützt. Jede Nutzung
in anderen als den gesetzlich zugelassenen Fällen bedarf der vorherigen schriftlichen Einwilligung des Verlags.

Autorinnen:
Kerstin Reinke (Phonetik), Eveline Schwarz, Ursula Zimmermann
unter Mitarbeit von Nicole Nolte und Stefanie Plisch de Vega

Redaktion: Nicole Nolte, Stefanie Plisch de Vega
Redaktionelle Mitarbeit: Carina Janas, Annika Starke
Konzept: Nicole Nolte, Sebastian Weber
Layout: Katja Schüch, Kirchheim/Teck
Satz und Gestaltung: Eva Mokhlis, Stuttgart
Illustrationen: Tobias Dahmen, Utrecht; Friederike Ablang, Berlin
Fotos (Umschlag/Klassenfotos): Gunther Pagel, Viernheim
Umschlaggestaltung: Maja Merz

Sprecherinnen und Sprecher: Behzad Ansari, Christian Birko-Flemming, Amélie von Blücher, Marvin Floren,
Rebekka Herl, Eva Kluge, Maximilian Kraemer Nativo, Pia Lensker, Titus Mahlberg, Stefanie Plisch de Vega, Friederike
Rhein, Markus Schultz, Sigrun Schumacher, Hans-Peter Stoll, Anke Stößer, Sophia Stößer, Sofi Vega, Ron Vodovozov
Tontechnik und Produktion: Gunther Pagel, Top 10 Tonstudio, Viernheim
Aufnahmeleitung: Stefanie Plisch de Vega

Druck und Bindung: AZ Druck und Datentechnik GmbH, Kempten/Allgäu

Printed in Germany.
978-3-12-666874-3

Das
DaZ-Buch

Übungsbuch 2

Ernst Klett Sprachen
Stuttgart

Symbole

▶ 12 Hier kannst du etwas hören.
Die Audio-Dateien kannst du auf dem Computer, Tablet oder
Smartphone hören.
Eine Anleitung findest du auf Seite 1.

 Hier bekommst du einen Tipp.

 Das ist Aufgabe 14 im Übungsbuch.
Du machst sie *vor* Aufgabe A6 im Schülerbuch.

 Das ist Aufgabe 15 im Übungsbuch.
Du machst sie *nach* Aufgabe A6 im Schülerbuch.

Diese Aufgaben gibt es:
★ Das ist eine Förderaufgabe.
★★ Das ist eine Basisaufgabe für alle.
★★★ Das ist eine Forderaufgabe.

 Hier schreibst du in dein Heft.

 Blaue Markierungen:
Hier gibt es Wissen, Sprache, Tipps und Tricks für die Schule.

Aussprache

[Aussprache] Hier kannst du deine Aussprache trainieren.

GRUPPE Trainiere deine Aussprache in der Gruppe.

PARTNER Trainiere deine Aussprache mit einem Partner.

Wortschatz und Grammatik

 Frage deine Lehrerin oder deinen Lehrer nach den Bild-Wort-Karten
zur Lektion.
Du kannst auch flipQuiz auf dem Computer, Tablet oder Smartphone spielen.
Eine Anleitung findest du auf Seite 1.

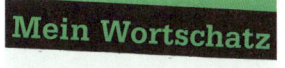 Hier findest du den Lernwortschatz der Lektion und Aufgaben dazu.

 Hier kannst du eigene Übersichten zur Grammatik der Lektion erstellen.
Die Übersicht zur Grammatik hinten im Schülerbuch hilft.

Inhaltsverzeichnis

Fertig? › ☑

A1 **1** ★★ Ergänze die Wörter. Schreibe sie mit dem Artikel ins Heft.

Schloss   Prinzessin   Buch

Zwerg   Blume   Krone   Pferd

Wolf   Wald   Märchen

> Übungsbuch S. 8, Aufgabe 1   TT.MM.JJJJ
>
> das Schloss, …

A2 **2** ★★ Wo? Sieh noch einmal das Bild von Aufgabe A1 im Schülerbuch auf S. 14 an. Ergänze die Präposition (und das Artikelwort).
★★★ Löse ohne Hilfe. Decke den Kasten ab.

am • vor der • in der • vor dem • zwischen • vor ihrem

1. Ipek steht __am__ Fenster.

2. Tuğba steht _____ Tafel.

3. William steht _____ Ecke.

4. Frau Langer sitzt _____ Tisch.

5. Sergio sitzt _____ Frau Langer und Linh.

6. Linh sitzt _____ Heft.

A4 **3** ★★ Was ist richtig? Höre noch einmal und kreuze an. ▶ 2

1. „Emil und die Detektive" ist …
   a ☐ ein Kinderbuch.
   b ☐ ein Deutschbuch.

2. Erich Kästner hat das Buch … geschrieben.
   a ☐ in 50 Sprachen
   b ☐ auf Deutsch

3. Anna hat … gelesen.
   a ☐ das Buch mit 170 Seiten
   b ☐ eine kurze Ausgabe für Deutschlerner

4. Die Hauptperson Emil …
   a ☐ kommt aus Berlin.
   b ☐ fährt nach Berlin.

A4 **4** ★★ Fragen und Antworten: Ordne zu und schreibe ins Heft.
★★★ Ergänze die Sätze für das Buch „Emil und die Detektive".

1. Wer hat das Buch geschrieben?
2. Wie heißt das Buch?
3. In welchem Jahr ist das Buch erschienen?
4. Wie viele Seiten hat das Buch?
5. In welcher Sprache ist das Buch im Original?
6. Was passiert im Buch?

A Das Buch hat den Titel „…".
B Es hat … Seiten.
C Das Buch ist im Original auf …
D Der Autor heißt …
E Das Buch ist im Jahr … erschienen.
F Die Handlung ist einfach. Es geht um einen Jungen, Emil.

> Übungsbuch S. 8, Aufgabe 4   TT.MM.JJJJ
>
> 1. Wer hat das Buch geschrieben? › Der Autor heißt …

A4 **5** ★★ Ergänze den Text. Höre zur Kontrolle noch einmal. ▶ 2
★★★ Löse ohne Hilfe. Decke den Kasten ab.

Autor • Hauptfigur • geschrieben • Ausgabe • Sprachen • ~~stelle … vor~~ • Seiten • einfacher

Ich __stelle__ euch „Emil und die Detektive" __vor__. Der _____ ist Erich Kästner. Er hat

das Buch 1929 auf Deutsch _____. Es gibt das Buch aber auch in vielen anderen

_____. Das Buch hat etwa 170 _____. Ich habe die kürzere _____

für Deutschlerner gelesen. Sie hat nur 96 Seiten und die Sprache ist _____.

Die _____ im Buch ist Emil.

A5 6 ★ **Märchen-Figuren und Orte: Beschrifte die Bilder. Ergänze auch den Artikel.**

die Berge

A5 7 ★★ **Sortiere wie in Aufgabe A5 im Schülerbuch auf S. 15. Schreibe ins Heft.**

die Fee
der See

die Blume

die Zwerge

der Korb

das Pferd

das Dorf

A6 8 **Wie sind die Figuren? Schreibe das passende Adjektiv.**
★★★ **Wie sind die Figuren von Aufgabe 7? Schreibe ähnliche Sätze ins Heft.**

böse • ~~hässlich~~ • hilflos • hilfsbereit • klug • lieb • mutig • schwach • stark • reich

1. Der Frosch sieht nicht gut aus, er ist h ä s s l i c h .

2. Rotkäppchen ist nett zum Wolf, es ist ☐☐☐☐ .

3. Die Fee weiß viel, sie ist ☐☐☐☐ .

4. Großmutter muss man helfen, sie ist ☐☐☐☐☐☐☐ .

5. Die Großmutter ist krank und hat keine Kraft,

   sie ist ☐☐☐☐☐☐☐ .

6. Der Wolf frisst die Großmutter, er ist ☐☐☐☐ .

7. Der König hat viel Geld, er ist ☐☐☐☐☐ .

8. Der Prinz hat keine Angst, er ist ☐☐☐☐☐ .

9. Der Jäger hat viel Kraft, er ist ☐☐☐☐☐ .

10. Das Mädchen hilft gern, es ist ☐☐☐☐☐☐☐☐☐☐ .

Noch mehr Wortschatz üben?

Frage deine Lehrerin /
deinen Lehrer nach den
Bild-Wort-Karten zu
Lektion 7. Übe.

BILD-
WORT-
KARTEN

A6 9 ★★ **Gegensätze: Schreibe Gegensatzpaare ins Heft.**

hässlich • feige • gut • klug • reich • schwach
• frech • dumm • schön • lieb • arm • böse •
mutig • stark • vorsichtig • unvorsichtig

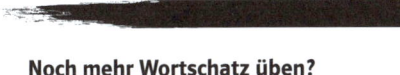

★★★ **Schon fertig?**
**Wie viele Gegensatzpaare kannst du
in 2 Minuten im Heft ergänzen?**

Schlag im Wörterbuch nach.

7B Eine gute Geschichte

B1 10 ★ **Ergänze die Verben. Kreuze dann an.**

> haben … geantwortet • hat … befragt •
> hat … durchgeführt • war

1. Janina _____ eine Umfrage _____

2. Eine Klasse _____ 100 Schüler zum Thema „Lesen"

3. Eine Frage _____: „Liest du gern Bücher?"

4. Jungen und Mädchen _____ unterschiedlich _____

1. Diese Sätze sind … ☐ in der Vergangenheit. ☐ in der Gegenwart.
2. Die Sätze 1, 2 und 4 sind in der Zeitform … ☐ Präteritum. ☐ Perfekt.
3. Satz 3 ist in der Zeitform … ☐ Präteritum. ☐ Perfekt.

B1 11 ★★★ **Welches Wort fehlt? Ergänze. Höre dann noch einmal zur Kontrolle.** ▶ 3

1. Heute spreche ich _____ Marvin _____ der 9b.

2. Ihr habt _____ Deutschunterricht eine Umfrage _____ Thema „Lesen" durchgeführt.

3. _____ haben wir verschiedene Fragen zum Thema vorbereitet. Und _____ haben wir
   100 Schüler _____ der Goetheschule befragt. _____ haben wir die Ergebnisse ausgewertet.

4. _____ Ergebnis war nicht überraschend, aber _____ war klar.

5. Haben Mädchen und Jungen unterschiedlich _____ eure Fragen geantwortet?

6. Mädchen lesen lieber, länger und öfter _____ Jungen.

B1 12 ★★★ **Suche in Aufgabe 11 und ergänze wie im Beispiel.**

1. Wir haben eine Umfrage _durchgeführt._ › _eine Umfrage durchführen_

2. Wir haben Fragen _____ › _____

3. Wir haben Schüler _____ › _____

4. Wir haben die Ergebnisse _____ › _____

B1 13 ★ **Ergänze die Artikel. Schreibe ins Heft und trenne die Wörter wie im Beispiel.**

der Liebling _____ Figur _____ Buch _____ Märchen _____ Autor _____ Autorin _____ Kinder

> ~~Lieblingsbuch~~ • Lieblingsfigur • Märchenfigur •
> Kinderbuch • Buchautor • Kinderbuchautor •
> Lieblingsbuchfigur • Märchenbuch

> der Liebling + das Buch › das Lieblingsbuch
> … + die Figur   ›

B2 14 ★ **Lies die Antworten auf die Fragen von Aufgabe B2 im Schülerbuch auf S. 16.
Schreibe sie zur passenden Frage ins Heft.**

> Ich lese Bulgarisch und manchmal auch Deutsch.

> Jeden Tag. Am liebsten abends.

> Ich weiß nicht genau, mehr als 20.

> Wir lesen in Deutsch und Englisch Bücher.

> Ja, sehr gern.

> Ich weiß nicht. Ich mag sehr viele Bücher.

> Ich mag Hermine aus Harry Potter gern. Sie ist sehr klug.

15 Wie beantwortest du die Fragen von Aufgabe B2 im Schülerbuch auf S. 16?
★ Schreibe die Fragen und deine Antworten ins Heft.
★★★ Mach dir Notizen neben die Fragen im Heft.

16 ★ Wie sind diese Märchenfiguren? Schreibe und markiere wie im Beispiel.

1.
Der Wald ist dunkel.
Der Jäger ist mutig.
Der König ist reich.
Der Frosch ist grün.

2.
Das Mädchen ist jung.
Das Buch ist gut.
Das Schloss ist groß.
Das Pferd ist schnell.

3.
Die Großmutter ist krank.
Die Blume ist rot.
Die Fee ist lieb.
Die Königin ist mutig.

4.
Die Tiere sind hilfsbereit.
Die Prinzen sind stark.
Die Feen sind klug.
Die Märchen sind schön.

1. Der Wald ist dunkel. › der dunkle Wald   Der Jäger ...
2. Das Mädchen ist jung. › das junge Mädchen   Das Buch ...
3. Die Großmutter ist krank. › die kranke Großmutter   Die Blume ...
4. Die Tiere sind hilfsbereit. › die hilfsbereiten Tiere   Die Prinzen ...

17 ★★★ Ergänze den Artikel und ein passendes Adjektiv.
Schreibe dann Sätze ins Heft.

der
Wolf, böse
Prinz,
Brunnen,

Schloss,
Mädchen,
Pferd,

Blume,
Fee,
Prinzessin,

(Pl.)
Frösche,
Bücher,
Tiere,

1. der Wolf, böse › Das ist der böse Wolf. Der böse Wolf lebt im Wald.

18 ★★ [Adjektive deklinieren: Nominativ] Ergänze die Endung der Adjektive.
★ Markiere zuerst das Nomen hinter dem Adjektiv und den Artikel.

1. Der gute Schüler heißt Sergio.

2. Die neu___ Schüler heißen Razan und Ovidiu.

3. Das letzt___ Fach am Freitag ist Englisch.

4. Der neu___ Biolehrer heißt Herr Adamski.

5. Mir gefällt der rot___ Pullover sehr gut. Und dir?

6. Das warm___ Essen in der Cafeteria schmeckt gut.

7. Die alt___ Hosen passen mir nicht mehr.

8. Wem gehört das gelb___ Heft auf dem Tisch?

19 Kreuze an und markiere die Endung der Adjektive.

	M	N	F	Pl.	bestimmter Artikel	unbestimmter Artikel	Das ist ... (Nominativ) Das sind ...
der König	X				X		der mutige König.
das Mädchen							das mutige Mädchen.
die Königin							die mutige Königin.
die Königinnen							die mutigen Königinnen.
ein König							ein schöner König.
ein Mädchen							ein schönes Mädchen.
eine Königin							eine schöne Königin.
Königinnen							mutige Königinnen.

★★ **Was ist richtig? Streiche die falschen Adjektive durch.**
★ **Schreibe die Sätze richtig in dein Heft.**

1. Der Jäger ist ein ~~mutiges~~ / mutiger / ~~mutige~~ Mann.

2. Ein Wolf ist ein gefährliches / gefährlicher / gefährliche Tier.

3. Rotkäppchen ist ein liebe / lieber / liebes Mädchen.

4. Die Großmutter ist eine alte / altes / alter Frau.

5. Eine Mütze ist ein warme / warmes / warmer Kleidungsstück.

6. Der Wald ist ein dunkle / dunkles / dunkler Ort.

Nominativ
M › ein mutiger Mann
N › ein böses Tier
F › eine alte Frau
Pl. › schöne Blumen

★★★ **Schreibe die Sätze von Aufgabe 8 auf S. 9 um.**

1. Ein hässlicher Frosch sieht nicht gut aus.

★★ **Ergänze die Endungen der Adjektive.**
★ **Unterstreiche zuerst das Nomen nach dem Adjektiv und den Artikel.**

1. Nasreddin Hodscha ist <u>ein</u> sehr bekannt<u>er</u> <u>Mann</u> in der Türkei. Er ist ein alt......, klug...... Mann.

   Die Erzählungen vom Hodscha sind kurz......, lustig...... Geschichten.

2. Märchen sind sehr alt...... Geschichten. Es gibt oft bös...... Figuren im Märchen. Aber am Ende

   gewinnt immer eine gut...... Person. Ein bös...... Wolf und ein klein...... Mädchen sind die Haupt-

   figuren in „Rotkäppchen".

3. „Emil und die Detektive" ist ein schön...... Kinderbuch von Erich Kästner. Er ist ein bekannt......

   Autor. Es gibt auch eine einfach...... Ausgabe für Deutschlerner.

★★ **Was ist auf dem Bild? Schreibe wie im Beispiel.**
★★★ **Decke die Bildunterschriften ab. Schreibe eigene Sätze zu den Bildern.**

eine Königin, stolz
in den Spiegel sehen

ein Frosch, hässlich
auf dem Brunnen sitzen

ein Mädchen, klein
rotes Käppchen tragen

ein Wolf, gefährlich
mit Rotkäppchen sprechen

ein Schloss, groß
in einem Wald stehen

eine Prinzessin, schön
mit dem Frosch sprechen

1. Auf Bild 1 ist eine stolze Königin. Die stolze Königin sieht in den Spiegel.
2. Auf Bild 2 ist ein .... Der hässliche ...

★★★ **Wer oder was ist im Klassenzimmer? Schreibe ähnliche Sätze.**

Die nette Deutschlehrerin hilft. Die schöne Schülerin schreibt Sätze. Der müde Schüler heißt ...

B5 **23** ★★ **Markiere die Artikelwörter und die Adjektivendungen. Ergänze dann die Regel.**

> Ich bin ein schöner Prinz!

> Du bist kein schöner Prinz!

> Doch, ich bin dein schöner Prinz! Küss mich!

> Ich küsse dich nicht! Ich bin ein kluges Mädchen.

> Du bist kein kluges Mädchen! Du wirst nicht meine liebe Frau!

Adjektive nach Possessivartikeln (*mein, dein, sein, …*) und nach *kein* haben die gleiche Endung wie nach dem unbestimmten _____ *ein*.
M ▸ Das ist ein schön___, kein schön___, mein schön___ Prinz.
N ▸ Das ist ein klug___ Mädchen, kein klug___ Mädchen, unser klug___ Mädchen.
F ▸ Du bist eine schön___, keine schön___, seine schöne Frau.
❗Pl. ▸ Das sind lustig**e** Tiere, keine lustig**en** Tiere, meine lustig**en** Tiere.

B5 **24** ★★ **Ergänze die Endungen.**
★ **Unterstreiche zuerst die Nomen nach dem Adjektiv und überlege: der, das oder die?**

Ich stelle euch ein interessant**es** Buch vor. Mein interessant___ Buch heißt „Fritz". Die Hauptfigur

ist kein jung___ Prinz, kein hübsch___ Mädchen, keine bös___ Königin und keine klug___ Zwerge,

sondern ein mutig___ Frosch. Es ist mein neu___ Lieblingsbuch. Mein groß___ Bruder hat es mir

geschenkt. Zuerst lese ich das Buch, dann bekommt es meine klein___ Schwester.

B5 **25** ★★★ **Ergänze die Adjektive mit der passenden Endung.**

dunkel • ~~hoch~~ • böse • groß • klug • mutig

Im Buch sind keine _____ Wälder, keine *hohen* Berge, kein _____ Wolf,

kein _____ Schloss und keine _____ Fee. Die Hauptperson ist ein

_____ Mädchen.

B6 **26** ★★ **Kennst du den Artikel? Ergänze.**

_____ Mädchen   _____ Kärtchen   _____ Brötchen   _____ Mäppchen   _____ Märchen

❗Nomen mit der Endung *-chen* haben immer den Artikel _____ / ein.

B6 **27** ★★★ [Wortbildung] **Nomen mit der Endung „-chen". Lies und ergänze.**
Bilde Nomen wie im Beispiel.

Mit der Endung *-chen* (manchmal auch *-lein*) kann man Wörter „kleiner" machen, dann ist der Artikel *das*. Oft muss man aus dem Vokal einen Umlaut machen (a > ä, o > ö, u > ü).

> der Wolf
> _____ Wölf*chen*

die   Blume > *das Blümchen* _____   Haus > _____   Heft > _____

_____ Schüssel > _____   Tasche > _____   Rock > _____

_____ Schuh > _____   Jacke > _____

[Aussprache] Schwache Endungen „-e" und „-er" ▶ 7

- Hört mehrmals. Sprecht leise mit und achtet auf die Endungen.
- „-e" oder „-er"? Ergänzt die Wörter. Lest die Wörter vor.

> **Schöne Träum___**
>
> Groß___ Bäum___, klein___ Räum___,
>
> dick___ Wänd___, stark___ Händ___,
>
> ein dunkler Kell___, ein alt___ Tell___,
>
> ein lustig___ Bäck___, ein laut___ Weck___,
>
> ein lieber Junge, ein bös___ Drach___,
>
> cool___ Sach___!

[Aussprache] Hört die Wortgruppen und sprecht nach. ▶ 8
Lest dann das Gedicht von Aufgabe 28 vor. Lest es fröhlich, traurig, ängstlich, …

[Aussprache] Nomen mit „-er" erkennen ▶ 9

- Hört zu. Hört ihr ein Wort mit „-er" am Ende? Dann meldet euch.
- Hört noch einmal. Schreibt alle Wörter mit -„er" auf.
- Lest die Wörter vor.

Wörter mit -er: Jäger, ...

....

[Aussprache] Schwache Endungen „-en" ▶ 11

- Hört mehrmals. Sprecht leise mit und achtet auf die Endungen.
- Lest vor und sprecht „-en" ganz leise.

> *Märchen*
>
> Was kann man alles mit Märchen machen?
> Erzählen und hören und darüber lachen.
> Auch lesen und schreiben, vergleichen, verstehen,
> erklären und lernen und malen und sehen.
> Märchen kann man sogar buchstabieren.
> Einfach versuchen! Du kannst es probieren.

[Aussprache] Vermutungen ▶ 12

- Hört zu und achtet auf „-en": Hört ihr das „e" in der Endung noch?
- Hört mehrmals. Sprecht erst leise mit und dann nach.

Was denkt ihr, was machen die Schüler?

- ✴ Vielleicht hören sie Musik.
- ✴ Vielleicht machen sie Hausaufgaben.
- ✴ Vielleicht malen sie ein Bild.
- ✴ Vielleicht mögen sie sich.

- ✴ Vielleicht lesen sie ein Märchen.
- ✴ Vielleicht schreiben sie einen Brief.
- ✴ Vielleicht erzählen sie Geschichten.

C1 33 Ergänze das Verb im Präsens.

Rotkäppchen _ist_ (sein) ein kleines Mädchen. Es _____ immer eine rote Kappe _____ (anhaben),

deshalb _____ (heißen) es so. Heute _____ (gehen) Rotkäppchen in den Wald.

Es _____ (bringen) seiner Großmutter Kuchen und Wein, denn die alte Frau _____ (sein)

krank. Sie _____ (wohnen) allein im Wald. Im Wald _____ (sehen) Rotkäppchen den

Wolf und sie _____ (sprechen) miteinander. Dann _____ (rennen) der Wolf zum Haus

der Großmutter. Er _____ (klopfen) an die Tür, _____ die Tür _____ (aufmachen)

und _____ (fressen) die alte Frau. Er _____ die Kleider der Großmutter _____ (anziehen)

und wartet auf Rotkäppchen. Dann _____ (fressen) er auch das Rotkäppchen. Aber dann

_____ (kommen) der mutige Jäger. Er _____ (nehmen) eine Schere und _____

dem Wolf den Bauch _____ (aufschneiden). So _____ (retten) er die Großmutter und das

Rotkäppchen. Sie _____ (freuen) sich alle und _____ (leben) glücklich bis an ihr Ende.

★★★ **Schreibe alle Verben in dein Heft.**
Mit welchen kannst du einen Satz im Perfekt schreiben?

gehen > Rotkäppchen ist in den Wald gegangen.

Zeitformen
Die Verben *sein* und *haben* sowie einige andere Verben benutzt man besser im Präteritum.
Mehr Informationen findest du auf S. 18.

C4 34 ★★ **[Präteritum] Schreibe das Verb im Präteritum. Achte auf die richtige Endung.**

fragen   > Ich frag_te_ nach dem Weg.

haben   > Du hat_____ keine Zeit.

klopfen   > Der Wolf _____ an die Tür.

machen   > Die Großmutter _____ die Tür auf.

wohnen   > Wir _____ in Berlin.

sagen   > Ihr _____ : „Komm herein!"

leben   > Sie _____ vergnügt bis an ihr Ende.

Präteritum
sag|en
ich / er / sie / es sag**te**
du sag**test**
wir / sie / Sie sag**ten**
ihr sag**tet**

auch so:
enden, lernen, spielen, kochen, erklären, schmecken, putzen, freuen

★ **Konjugiere die Verben von Aufgabe 34 im Präteritum. Markiere die Endungen.**

Ich frag**te** nach dem Weg. Du frag**test** nach dem Weg. Er frag**te** …

C4 35 ★★★ **Ergänze die Sätze in Ipeks Tagebuch mit der Verbform im Präteritum.**

Gestern _endete_ die Schule um 13 Uhr. Ich mach_____ meine Hausaufgaben und lern_____

deutsche Wörter. Dann spiel_____ ich mit meinen kleinen Cousins. Am Abend koch_____ mein

Onkel das Essen. Er erklär_____ mir das Rezept. Das Essen schmeck_____ sehr gut.

Meine Cousins und ich putz_____ die Küche. Tante und Onkel freu_____ sich.

★ Finde und markiere 10 Verben im Infinitiv.

	A	B	C	D	E	F	G	H	I	J
1	H	N	O	G	E	H	E	N	U	M
2	E	E	K	O	M	M	E	N	E	L
3	I	H	S	E	H	E	N	S	R	A
4	ß	M	P	R	E	N	N	E	N	U
5	E	E	D	E	N	K	E	N	T	F
6	N	N	F	R	E	S	S	E	N	E
7	ß	S	C	H	N	E	I	D	E	N

Die Verben sind waagerecht → und senkrecht ↓ versteckt.

★★ Ergänze den Infinitiv.
★ Ordne die Infinitive von Aufgabe 36 zu.

ohne „-te" mit Vokalwechsel

kommen _____ › er kam

_____ › er hieß

_____ › er ging

_____ › er fraß

_____ › er sah

_____ › er nahm

_____ › er schnitt

_____ › er lief

mit „-te" und Vokalwechsel

_____ › er rannte

_____ › er dachte

sehen
ich / er / sie / es sah
du sahst
wir / sie / Sie sahen
ihr saht

rennen
ich / er / sie / es rannte
du ranntest
wir / sie / Sie rannten
ihr ranntet

★★★ Noch mehr Verben: Sortiere wie in Aufgabe 37 in deinem Heft.

lesen • schlief • las • schreiben • fahren • wissen • schrieb • singen
• bleiben • fuhr • rufen • sang • rief • schlafen • wusste • blieb

★ Konjugiere die Verben im Präteritum. Markiere wie im Beispiel.

	leben	laufen	denken
ich / er / sie / es		lief	te
du		st	dachtest
wir / sie / Sie	lebten	en	ten
ihr		t	tet

★★ Schreibe die Sätze ab. Schreibe die Verben im Präteritum.

1. Ich (gehen) in den Wald.
2. Du (rennen) schnell nach Hause.
3. Der Wolf (fressen) die alte Frau.
4. Rotkäppchen (treffen) den Wolf.
5. Wir (sehen) den Jäger.
6. (kommen) ihr pünktlich in die Schule?

Sergio (gehen) in die Schule.
Amer und Linh (rennen) zur Haltestelle.
Der Jäger und Rotkäppchen (essen) Kuchen.
Wir (treffen) gestern Abilena in der Schule.
Die Schüler (sehen) einen Film.
Der Jäger (kommen) ans Haus.

treffen › er traf
essen › er aß

C4 41 ★ [**Präteritum von trennbaren Verben**] Bilde Verben. Schreibe dann wie im Beispiel.

los · an · gehen · sah · machte · kam · aus · an · ging · haben · kommen · nehmen · mit · auf · nahm · machen · hatte · sehen

losgehen > er ging los

C4 42 ★★ Schreibe Sätze im Präteritum. Markiere die Verben.
★★★ Schreibe die Sätze auch im Präsens und im Perfekt.

1. Rotkäppchen / losgehen / im Dorf
2. das Mädchen / mitnehmen / einen Korb
3. das Kind / ankommen / am Haus der Großmutter
4. die Großmutter / aufmachen / die Tür
5. die Großmutter / aussehen / seltsam
6. sie / anhaben / eine rote Mütze

Trennbare Verben sind auch im Präteritum trennbar. Die Vorsilbe steht am Satzende.

1. Rotkäppchen ging im Dorf los.

C5 43 ★ [**Präteritum von Modalverben**] Ergänze die Formen.

dürfen	können	müssen	sollen	wollen
ich durfte				
	du konntest			
		er musste		
			wir sollten	
				ihr wolltet
sie / Sie durften				

C5 44 ★★ Ergänze das Modalverb in der richtigen Form. Markiere die Satzklammer.
★ Schreibe die Sätze ins Heft. Markiere die Satzklammer.

1. Wir mussten (müssen) gestern keine Hausaufgaben machen. Das war toll.

2. Frau Langer _____ (können) letzte Woche nicht in die Schule kommen. Sie war krank.

3. Ich _____ (wollen) den Film „Die Nacht hat Augen" im Kino sehen, aber ich _____ (dürfen) ihn nicht sehen. Der Film war erst ab 16 Jahren.

4. Du _____ (sollen) heute Saft für das Frühstück mitbringen. Hast du das vergessen?

C5 45 ★★★ Ergänze ein passendes Modalverb im Präteritum.

Wir _____ letzten Monat im Deutschunterricht ein Buch vorstellen. Ich hatte kein gutes Buch, deshalb _____ ich ein Buch in der Bibliothek ausleihen. Die einfache Ausgabe von „Emil und die Detektive" _____ ich gut verstehen. William _____ drei Seiten aus seinem Buch vorlesen, aber die Zeit hat nicht gereicht. Er _____ nur eine halbe Seite vorlesen. _____ du auch schon einmal ein Buch vorstellen?

★★ **Lies die beiden Texte. Markiere die Verben. Welche Verben sind im Perfekt, welche im Präteritum? Ergänze.**

① Gestern Nachmittag **bin** ich mit meinen Freunden ins Kino **gegangen**. Wir haben einen lustigen Film gesehen: „Das Dschungelbuch". Wir haben viel gelacht und ich habe eine ganze Tüte Popcorn gegessen. Wir hatten einen schönen Nachmittag. Leider musste ich danach noch viele Hausaufgaben machen. Am Abend war ich dann ganz schön müde.

→ Die Verben gehen , _____ , _____ , _____ sind in der Zeitform _____ .

Die Verben _____ , _____ , _____ sind in der Zeitform _____ .

② Gestern Nachmittag ging ich mit Freunden ins Kino. Wir sahen einen lustigen Film. Wir lachten viel und ich aß eine ganze Tüte Popcorn. Wir hatten einen schönen Nachmittag. Leider musste ich danach noch viele Hausaufgaben machen. Am Abend war ich dann sehr müde.

→ Alle Verben im Text 2 sind in der Zeitform _____ .

Ipeks Tagebuch

★★ **Perfekt oder Präteritum? Lies und ergänze die Regel.**

Präteritum • Perfekt • Vergangenheit

Präteritum und Perfekt sind Zeitformen für die _____

Das _____ benutzt man in mündlichen Texten (z.B. wie in Text 1 oben, Ipek erzählt von ihrem Nachmittag).
Die Verben *sein*, *haben* und die Modalverben benutzt man besser im _____ , auch beim mündlichen Erzählen.
Das Präteritum benutzt man oft in schriftlichen Texten, besonders in literarischen Texten (Märchen, Romanen, …) oder in Fachbüchern z.B. für Geschichte.

★ **Bericht über einen Ausflug: Unterstreiche die Verben. Kreuze dann an.**

Am Wochenende fuhr ich mit meiner Klasse an einen See. Alle brachten etwas mit. Zuerst schwammen wir und machten dann ein großes Picknick. Ich aß Hühnchen und Salat. Danach spielten wir zusammen Fußball – die Mädchen gewannen. Es war ein schöner Ausflug, alle hatten Spaß.

1. Der Text ist … ☐ ein mündlicher Text. ☐ ein schriftlicher Text.
2. Die Zeitform ist … ☐ Perfekt. ☐ Präteritum.

★★ **Ben erzählt einem Freund vom Ausflug. Schreibe den Text von Aufgabe 48 im Perfekt ins Heft.**

Am Wochenende bin ich mit meiner …

★★★ **Sergio erzählt Ipek von seinem Tag. Unterstreiche die Verben. Berichte dann schriftlich im Präteritum.**

Ich <u>bin</u> um Viertel vor acht <u>aufgestanden</u>. Ich habe geduscht, meine Zähne geputzt und meine Kleidung angezogen. Um halb neun habe ich gefrühstückt. Ich habe ein Schulbrot und eine Trinkflasche eingepackt. Um fünf vor neun bin ich losgegangen und um kurz vor halb zehn bin ich an der Schule angekommen. Aber ihr wart nicht mehr da. Dann hat mich Yusup angerufen.

Du kennst das Präteritum der Verben nicht? Schlag im Wörterbuch nach.

Sergio stand um Viertel vor acht auf. Er …

C6 51 ★★ [Richtungsangaben] Wohin geht Ipek? Verbinde.
Sortiere dann im Heft wie im Beispiel.

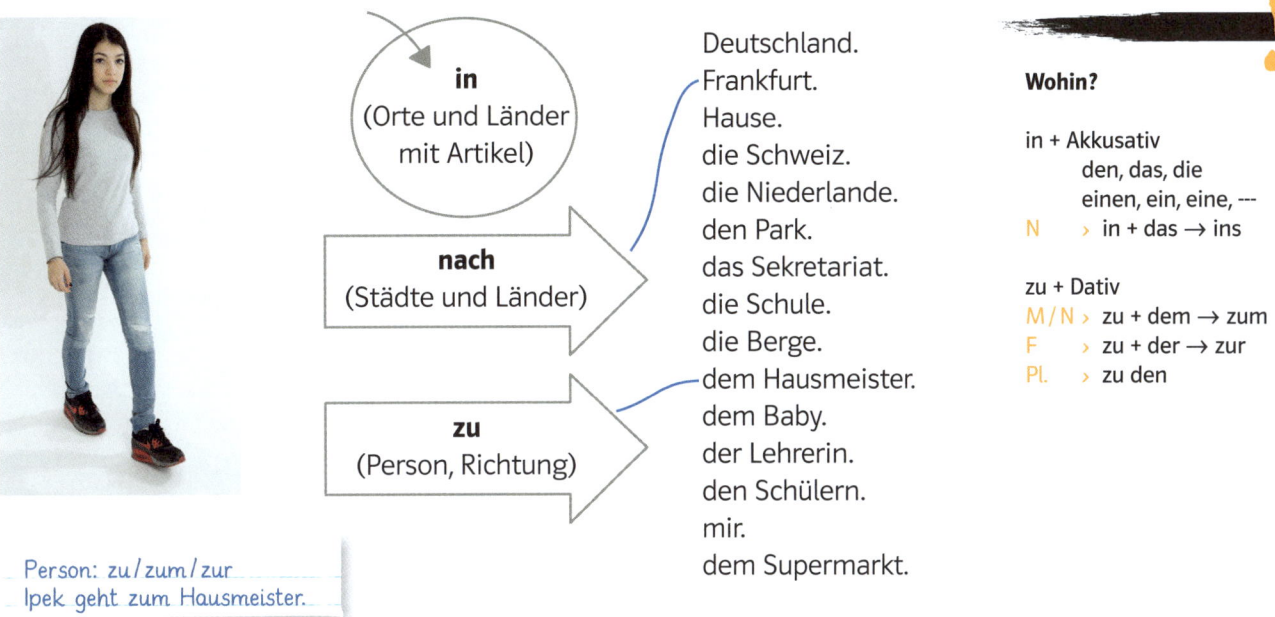

Deutschland.
Frankfurt.
Hause.
die Schweiz.
die Niederlande.
den Park.
das Sekretariat.
die Schule.
die Berge.
dem Hausmeister.
dem Baby.
der Lehrerin.
den Schülern.
mir.
dem Supermarkt.

Wohin?

in + Akkusativ
    den, das, die
    einen, ein, eine, ---
N › in + das → ins

zu + Dativ
M / N › zu + dem → zum
F › zu + der → zur
Pl. › zu den

in
(Orte und Länder
mit Artikel)

nach
(Städte und Länder)

zu
(Person, Richtung)

Person: zu / zum / zur
Ipek geht zum Hausmeister.

C6 52 ★★ Wohin? Ergänze die richtige Präposition von Aufgabe 51 und das Artikelwort.

1. Ich gehe _zum_ Sportlehrer.

2. Rashed geht heute _____ ein_____ Freund und morgen _____ ein_____ Freundin.

3. Ayman setzt sich _____ ein_____ Mädchen aus der 7c.

4. Gehst du heute _____ Amer?

5. Sergio fährt _____ Italien, _____ Rom.

6. Tuğba fährt in den Ferien _____ _____ Türkei.

7. Rashed fährt manchmal noch _____ _____ Niederlande.

8. Gehst du _____ _____ Supermarkt oder nur _____ Bäcker?

9. Wir machen einen Ausflug: Wir fahren _____ _____ Wald.

10. Ismail geht heute nicht _____ Fußballtraining.

★★★ Schon fertig? Ergänze weiter.

Im Sommer fahre ich _____ mein_____ Tante _____ Berlin. Sie ist vor 6 Jahren _____

Deutschland gekommen. Eigentlich wollte sie _____ Zürich _____ _____ Schweiz, aber

dann ist sie doch _____ Berlin gegangen. In Berlin fahren wir _____ Fernsehturm und

gehen _____ Zoo. Dann fahre ich wieder _____ Hause.

C6 53 ★★ Noch mehr Richtungsangaben:
Zeichne ins Heft wie im Beispiel.

zum   auf   hinter
an / neben über   unter
in   durch

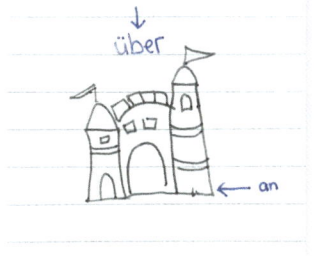

★★ **Der Prinz sucht die Prinzessin: Wohin geht er? Zeichne seinen Weg.**

Er reitet ==ans Schloss==.

Er klettert über die Mauer.

Er geht durch den Schlosspark.

Er rennt zwischen die Bäume und klettert dann auf einen Baum.

Er springt in den See und schwimmt dann durch den See.

Dann läuft er ins Schloss.

Er sieht hinter die Türen und unter die Betten.

Aber dann läuft er vor eine Tür …   und bleibt stehen.

★★ **Markiere in den Sätzen von Aufgabe 54 die Präposition und das Nomen mit Artikel. Schreibe dann wie im Beispiel.**

> Wohin?
> an   über
> das Schloss   die Mauer   …
> › ans Schloss

★★ **Welche Verben der Bewegung findest du in Aufgabe 54? Schreibe den Infinitiv.**

reiten,

Wohin? Bilde Sätze. Variiere die Person und das Verb der Bewegung.

in / durch	auf / über	in / über	nach	an	zu
der Wald	der Schulhof	die Berge	Italien	das Meer	der König / die Zwerge
laufen / rennen		fahren / fliegen			gehen

> Der Prinz läuft in den Wald. Er rennt durch den Wald.

★★ **Ergänze eine passende Präposition und das Artikelwort.**
★ **Markiere zuerst die Nomen: M, N, F, Pl.**

1. Zuerst fahre ich mit der S-Bahn zu einem Supermarkt. Dann gehe ich .... d .... Super-

    markt und kaufe ein. Zum Schluss laufe ich .... d .... Kasse und bezahle meinen Einkauf.

2. Anna fährt mit dem Rad z........... Park, dann geht sie .... d .... Park, denn i........... .... Park

    darf man nicht fahren. Sie stellt ihren Rucksack .... d .... Bank. Ihr Fahrrad stellt sie ....

    d .... Bank, dann setzt sie sich .... d .... Bank.

3. Mein Freund fährt mit dem Motorrad .... r Schule. Er läuft den ganzen Tag mit seinem Helm

    .... d .... Schule. Im Unterricht legt er seinen Helm .... d .... Tisch.

4. Wir fuhren .... Norddeutschland .... Meer. Ich kann nicht schwimmen, deshalb

    ging ich nicht .... Wasser.

C7 59 ★★★ Ergänze die passende Präposition und den Artikel.

Viele Menschen fahren jedes Jahr _____ Meer. Sie gehen gern _____ Strand,

aber _____ Wasser gehen sie nicht so oft. Wir sind am Wochenende _____

Badesee gefahren. Es war sehr voll und wir mussten _____ die Leute laufen,

bis wir _____ Wasser gekommen sind. Meine Schwester kann nicht schwimmen,

deshalb ist sie nicht _____ See gegangen. Aber ich bin _____ ganzen See

geschwommen.

C7 60 [Ortsangaben] Wo? Sieh die Bilder an und schreibe die richtige Präposition.
Markiere die Artikel.

die Kommode   das Bett

die Decke   der Boden

vor • im • vor • neben • auf • vor • auf • im • unter • hinter • zwischen • auf

1. Rotkäppchen und seine Mutter stehen _____ dem Haus.

2. Rotkäppchen trifft den Wolf _____ Wald. Er steht

_____ einem Baum. Rotkäppchen steht _____ ihm.

3. Der Wolf sitzt _____ dem Stuhl _____ dem Spiegel.

Der Spiegel steht _____ der Kommode.

4. Der Wolf liegt _____ Bett _____ der Decke.

Rotkäppchen steht _____ dem Bett.

5. Der Wolf liegt _____ dem Jäger und Rotkäppchen _____ dem Boden.

„Wo?"
an, auf, hinter, in, neben, über, unter, vor,
zwischen + Dativ

M / N ▸ dem, einem, meinem, keinem …
F ▸ der, einer, meiner, keiner, …
Pl. ▸ den, meinen, keinen, …

C7 61 ★★ Wo? Ergänze die Präposition und den Artikel.

1. Der Frosch sitzt _____ Brunnen.

2. Das Mädchen schwimmt _____ See.

3. Die Decke liegt _____ Wolf.

4. Der Jäger steht _____ Fenster.

5. Der Wolf wartet _____ Baum.

6. Die Fee steht _____ König und _____ Königin.

7. Die Frauen sitzen _am_ Tisch.

8. Das Buch liegt _____ Tisch.

9. Der König sitzt _____ Königin.

C7 62 ★★★ Wo ist was? Beschreibe das Bild.
Schreibe ins Heft.

★★ „Wo?" oder „Wohin?": Schreibe Fragen ins Heft und sortiere die Sätze. Zeichne ein Bild zu jedem Satz.

Rotkäppchen geht in den Wald.   Die Großmutter wohnt im Wald.
Die Fee fliegt über das Schloss.   Die Fee fliegt über dem Schloss.
Ipek rennt in die Stadt.   Dann ist sie in der Stadt.

Wo? + Dativ
Wohin? + Akkusativ

> Wohin?   Wo?
> Wohin geht Rotkäppchen? › In den Wald.   Wo wohnt die Großmutter? › Im Wald.

★★ [Wechselpräpositionen]
Ergänze das Merkbild.

9

zwischen

Wechselpräpositionen
an, auf, hinter, in, neben, über, unter, vor, zwischen

Richtungsangabe (Wohin? →)
+ Akkusativ
Ortsangabe (Wo? •)
+ Dativ.

★★ **Ergänze das Artikelwort. Markiere wie im Beispiel.**

Wo •
Wohin →

1. Ich gehe in die → Schule. Heute bin ich bis ein Uhr in der • Schule.

2. Schneewittchen geht über .... sieben Berge, denn über .... sieben Bergen wohnen die Zwerge.

3. Der Wolf legt sich in .... Bett. Dann liegt er in .... Bett und wartet auf Rotkäppchen.

4. Amer sitzt auf .... Tisch und spricht mit Kadir, dann geht er an .... Tafel.

5. Die Zwerge sind hungrig, deshalb setzen sie sich auf .... Stühle. Sie sitzen .... Tisch und essen.

6. William stellt sich zwischen Tuğba und Ipek. Er steht zwischen .... Schülerinnen und stellt sein Buch vor.

7. Nasreddin Hodscha ging auf .... Marktplatz, dann stand er auf .... Marktplatz.

8. Der Esel schläft unter ein............... Baum. Nasreddin legt sich zu dem Esel unter .... Baum.

Sortiere die Verben.
★ **Unterstreiche zuerst die Verben in Aufgabe 65 und vergleiche.**

s̶t̶e̶l̶l̶e̶n̶ • s̶t̶e̶h̶e̶n̶ • gehen • sein • setzen • sitzen • legen • liegen

Benutzt man … mit Richtungsangaben: mit Ortsangaben:
    stellen,..   stehen,..
....

★★ **Ergänze ein passendes Verb.**

1. Rotkäppchen .... in den Wald, dann .... es im Wald.

2. Nasreddin Hodscha .... sich auf seinen Esel, dann .... er auf seinem Esel.

3. Ipek .... sich vor die Tafel. Sie .... vor der Tafel und spricht über Märchen.

4. Kacper .... sein Buch auf den Tisch. Neben seinem Heft .... seine Trinkflasche.

5. William ist müde und .... sich ins Bett. Dann .... er im Bett und schläft.

D1 68 ★★ Unterstreiche die direkte Rede im Text: <u>Was sagt Nasreddin?</u>
<u>Was sagen die Leute?</u>

„Ich verkaufe
Wissen."

Nasreddins weiser Rat

· Eines Tages ging Nasreddin Hodscha auf den Marktplatz. Da standen viele
· Leute und Nasreddin rief: <u>„Ich verkaufe Wissen. Ihr müsst nur ein wenig</u>
· <u>Geld dafür zahlen!"</u>
· Die Leute hörten Nasreddin zu und waren sehr neugierig. Sie fragten
5 ihn: „Welches Wissen verkaufst du?" Nasreddin antwortete: „Ich ver-
· rate euch: Wie bekommt man ohne Arbeit Geld?" Das wollten die Leu-
· te gern wissen. Sie stellten sich vor Nasreddin und gaben ihm Geld.
· Nasreddin sammelte das Geld ein und zählte es. Die Leute waren sehr un-
· geduldig und fragten: „Wie bekommt man ohne Arbeit Geld? Sag schon!"
10 Nasreddin steckte das Geld in eine Tasche und antwortete: „Ihr müsst auf
· den vollen Marktplatz gehen und laut rufen, dass ihr nützliches Wissen
· verkauft. Danach müsst ihr nur noch das Geld einsammeln – und dann
· schnell wegrennen!"

direkte Rede /
wörtliche Rede

Anführungs-
zeichen

D1 69 ★★ Markiere im Text von Aufgabe 68 alle Verben. Vergleiche die Zeitformen
und ergänze.

Die direkte Rede ist in der Zeitform _____ .

Der Erzähltext ist im _____ .

D1 70 ★★★ Welche Wörter für „Nasreddin" findest du im Text von Aufgabe 68?
Welche für „Leute"?

Zeile 1: Nasreddin Hodscha, Zeile 2 (direkte Rede): ich, Zeile …

D6 71 ★★ Was steht in einer Inhaltsangabe? Kreuze an. Schreibe die richtigen Sätze
dann in dein Heft.

Eine Inhaltsangabe …

1. a ☐ gibt am Anfang an: Autorin / Autor, Titel und was für ein Buch es ist.
   b ☐ gibt nur den Inhalt wieder.

2. a ☐ besteht aus Stichwörtern.
   b ☐ ist ein zusammenhängender Text.

3. a ☐ ist kurz und gibt nur das Wichtigste an.
   b ☐ ist lang und gibt viele extra Informationen an.

4. a ☐ gibt an: Was fühlen und denken die Hauptpersonen, wohin fahren und was machen sie?
   b ☐ gibt an: Wer sind die Hauptfiguren und was machen sie? Wo spielt die Geschichte?

5. a ☐ benutzt die Zeitform Präsens.
   b ☐ benutzt die Zeitform Präteritum.

Eine Inhaltsangabe …
1. gibt am Anfang an: Autorin / Autor, Titel und was für ein Buch es ist.

D6 72 ★★★ **Ergänzt die Konnektoren.**

und • aber • und • sondern • und • denn • deshalb

Leon und seine Klasse fahren nach Monschau in der Eifel. Am Abend machen sie einen Ausflug

in den Wald, _____ die Schüler sollen sich besser kennenlernen. Leon muss mit seiner

Mitschülerin Anja laufen. _____ Anja ist neu in der Klasse _____ Leon mag

sie nicht. Im dunklen Wald verlieren sie die Orientierung. Sie hören laute Geräusche: Gefährliche

Wildschweine rennen durch den Wald, _____ haben Leon und Anja Angst. Sie rennen

weg, verstecken sich vor den Wildschweinen _____ warten auf Hilfe. Sie sprechen über

Schule, Fußball und andere Themen – _____ am Ende verstehen sich Leon und Anja

nicht nur gut, _____ sie sind sogar Freunde.

D7 73 ★ **Schreibe die Stichwörter zu den Angaben.**

~~die Autoren~~ • der Titel • die Handlung • Was für ein Text ist das? • die Hauptfiguren

die Autoren _____ › die Brüder Grimm

_____ › „Rotkäppchen und der Wolf"

_____ › ein Märchen

_____ › das Rotkäppchen, der Wolf, die Großmutter, der Jäger

_____ › Rotkäppchen geht seine Großmutter besuchen. Im Wald trifft es einen Wolf. Rotkäppchen erzählt ihm von der kranken Großmutter. Der Wolf rennt zum Haus der Großmutter und frisst die Großmutter. Dann frisst er auch Rotkäppchen. Ein Jäger rettet dann die Frau und das Kind.

D7 74 ★ **Ergänze die Inhaltsangabe. Aufgabe 73 hilft dir.**

„Rotkäppchen und der Wolf" ist _____ von den Brüdern _____.

Die Hauptpersonen sind _____.

Rotkäppchen will seine kranke _____.

Im Wald trifft _____. Rotkäppchen erzählt

_____.

Sofort rennt _____ zu ihrem Haus und frisst zuerst _____ und

später auch _____. Ein Jäger kommt am Haus der Großmutter vorbei

und _____.

D7 75 ★★ **Wie können Bücher sein? Ordne zu.**
★★★ **Löse ohne Hilfe. Decke den Kasten ab.**

spannend • alt • langweilig • lustig • traurig • interessant

1. In der Geschichte passiert nichts, das Buch ist ....

2. Ich musste die ganze Nacht lesen, das Buch ist sehr ....

3. Ich habe viel gelernt, das Buch ist ....

4. Ich musste oft lachen, das Buch ist sehr ....

5. Ich musste weinen, das Buch ist so ....

6. Das Buch gehörte meinem Großvater, es ist schon sehr ....

D7 76 ★★ **Welche Antwort passt? Verbinde. Markiere dann den unbestimmten Artikel in der Frage und in der Antwort: M, N, F, Pl.**

1. Was für ein Autor ist Erich Kästner?   Eine spannende Geschichte.

2. Was für ein Buch ist „Unheimliches im Wald"?   Schulbücher.

3. Was für eine Geschichte ist „Emil und die Detektive?"   Ein Kinderbuchautor.

4. Was für Bücher benutzt ihr in der Schule?   Ein Buch für Deutschlerner.

Frage: Was für …?
+ ein / eine / –
› fragt nach Unbestimmtem.
› Antwort:
+ ein / eine / –

D7 77 ★★ **Ergänze den unbestimmten Artikel.**

Was für .... Mann ist der Jäger?   ›   .... mutiger Mann.

Was für .... Kind ist Rotkäppchen?   ›   .... braves Mädchen.

Was für .... Farbe hat Ipeks Mütze?   ›   .... schöne rote Farbe.

Was für .... Schüler seid ihr?   ›   .... gute Schüler.

D7 78 ★★★ **Schreibe Fragen mit „Was für …?" und beantworte sie.**

Buch / das DaZ-Buch?   Lehrerin / Frau Langer?   Schule / deine Schule?   Tag / der Tag heute?

D7 79 ★★★ **Rotkäppchen und der Wolf: Markiere die Nomen und Adjektive im Text.**

Es war einmal ein braves Mädchen. Es hieß Rotkäppchen, denn es hatte immer eine rote Kappe an.
Eines Tages wollte Rotkäppchen seine kranke Großmutter besuchen. Das kleine Rotkäppchen ging
also in den dunklen Wald. Unterwegs traf Rotkäppchen den bösen Wolf. Der Wolf fragte: „Wohin
gehst du, kleines Mädchen?" Es erzählte ihm von der kranken Großmutter. Da lief der Wolf zu
ihr und fraß sie. Dann zog er die alten Kleider der Großmutter an, wartete auf das Rotkäppchen
und fraß auch das liebe Mädchen. Zum Glück kam aber ein mutiger Jäger. Er rettete die alte Großmutter und das kleine Rotkäppchen.

D7 80 ★★★ **Schreibe ein neues Märchen: Variiere die Nomen und Adjektive.**

Grünjäckchen und …
Es war einmal ein cooles Mädchen. Es hieß Grünjäckchen, denn …
Eines Tages wollte Grünjäckchen …

Achte auf die Endung der Adjektive.

Nomen

der Architekt, -en	die Handlung, -en	die Präsentation, -en
die Art, -en	die Hauptperson, -en	der Prinz, -en
die Ausgabe, -n	der Inhalt, -e	die Prinzessin, -nen
der Autor, -en	die Inhaltsangabe, -n	der Rat
der Berater, -	der Jäger, -	die Rettung, -en
der Berg, -e	das Jahrhundert, -e	das Schloss, ¨er
die Blume, -n	der Klappentext, -e	der Schriftsteller, -
der Brunnen, -	der Komponist, -en	die Schwierigkeit, -en
das Dorf, ¨er	der König, -e	der Spaziergang, ¨e
das Ende, -n	das Königreich, -e	der Spiegel, -
die Ecke, -n	der Korb, ¨e	der Stichwortzettel, -
das Erscheinungsjahr, -e	die Kraft, ¨e	der Titel, -
die Erzählung, -en	der Krieg, -e	der Tod, -e
der Esel, -	die Krone, -n	der Traum, ¨e
das Fachbuch, ¨er	die Kugel, -n	die Umfrage, -n
die Figur, -en	das Märchen, -	der Wald, ¨er
→ die Hauptfigur,	der Marktplatz, ¨e	das Wissen
die Märchenfigur, …	die Mauer, -n	der Wissenschaftler, -
der Frosch, ¨e	die Orientierung	der Wolf, ¨e
das Geräusch, -e	das Original, -e	die Vermutung, -en
die Geschichte, -n	das Pferd, -e	der Zwerg, -e

Wortschatz 1 **Märchen: Welche Wörter aus der Liste passen? Schreibe ins Heft.**

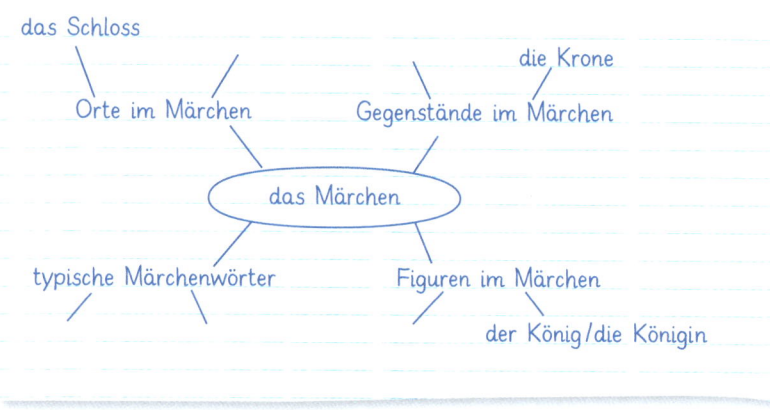

Noch mehr üben?

- Übe mit den Bild-Wort-Karten zu Lektion 7.
- Schreibe *deine* Wörter ins Heft und ergänze eigene wichtige Wörter.
- Ergänze deine Sprache.

Wortschatz 2 **Buchpräsentation: Welche Wörter aus der Liste passen? Schreibe ins Heft.**

Nomen	Verben	Adjektive	andere Wörter / Wendungen
die Art, –en die Ausgabe, –n	angeben ausleihen	bekannt	Es geht um …

Verben

angeben	einsammeln	klopfen	träumen
aufmachen	einstecken	küssen	unternehmen
ausleihen	erscheinen	lieben	verkaufen
aussuchen	festnehmen	nennen	vermuten
bauen	fressen	präsentieren	verraten
befragen	sich freuen	reiten	verstecken
berichten	gestalten	retten	versuchen
bestehen	hereinkommen	rufen	vorbereiten
bleiben	→ Komm herein!	schmecken	vorstellen
durchführen	klettern	stehen bleiben	wiedergeben

Adjektive

arm	finanziell	jung	reich	überraschend
bekannt	frech	klug	satt	ungeduldig
berühmt	gefährlich	knapp	schwach	unvorsichtig
böse	hässlich	lieb	spannend	weise
brav	heutig	mutig	stark	wunderschön
dumm	hilflos	nervös	tot	verrückt
feige	hilfsbereit	nützlich	typisch	vorsichtig

Andere Wörter und Wendungen

beide	dafür	Es geht um …	worum
bestimmt	darüber	vielleicht	zum Glück

---

ortschatz 3 **Verben: Schreibe zu allen Verben aus der Liste die 3. Person Singular Präsens, Präteritum und Perfekt ins Heft.**

> angeben: er gibt an, er gab an, er hat angegeben

an·ge·ben <gibst an, gab an, hat angegeben> **I.** *mit OBJ* ▪ *jmd. gibt etwas an* ❶ *jmdm. als Information geben:* Bitte Namen und Adr~sse

Du kennst die Formen nicht? Schlage im Wörterbuch nach.

Kontrolliere zum Schluss alle Formen!

ortschatz 4 **Adjektive: Finde die Gegenteile. Schreibe auf.**

arm ↔ reich ....   feige ↔ ....   schwach ↔ ....

bekannt ↔ un ....   gefährlich ↔ ....   spannend ↔ ....

böse ↔ ....   hässlich ↔ ....   typisch ↔ ....

brav ↔ ....   jung ↔ ....   ungeduldig ↔ ....

dumm ↔ ....   satt ↔ ....   unvorsichtig ↔ ....

ortschatz 5 **Komparation: Welche Adjektive aus der Liste kann man steigern? Schreibe sie mit Komparativ und Superlativ ins Heft.**

> arm: ärmer, am ärmsten

arm <ärmer, am ärmsten> *adj* ❶ (↔reich) *so, dass man ganz wenig materiellen Besitz und ein ganz geringes Einkommen hat:*

Du kennst die Formen nicht? Schlag im Wörterbuch nach.

Kontrolliere zum Schluss alle Formen!

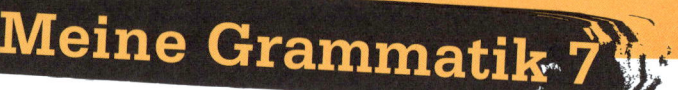

Grammatik 1 [Präteritum] Markiere und ergänze die Verben.

	leben	wohnen	warten
ich	lebte	wohn	
du	lebtest	wohn	wartetest
er / sie / es	lebte		
wir	lebten		
ihr	lebtet		
sie / Sie	lebten		

	sehen	gehen	rennen
ich			
du			
er / sie / es		ging	
wir			rannten
ihr	saht		
sie / Sie			

	können	wollen	dürfen
ich			
du			
er / sie / es		wollte	
wir			durften
ihr	konntet		
sie / Sie			

Das Präteritum ist eine Zeitform für die Vergangenheit. Man benutzt es vor allem in schriftlichen Texten, z. B. in Berichten.

Das Präteritum bildest du so:
Verbstamm + *te* + Personalendung
Verbstamm endet auf d, t, n, m
› *-ete* + Personalendung

ich und *er / sie / es* haben im Präteritum keine Personalendung.

Unregelmäßige Verben wechseln im Präteritum den Stammvokal.

Gemischte Verben bilden das Präteritum mit *-(e)te* und wechseln den Stammvokal.

Du erkennst das Präteritum nicht am Infinitiv, lerne Verben deshalb immer so:
sehen – er sieht – er sah – er hat gesehen

Modalverben
bilden das Präteritum mit *-te* und verlieren den Umlaut.

Grammatik 2 [Positionen im Satz] Schreibe die Sätze richtig. Markiere die Verben.

1. in der Türkei / Nasreddin Hodscha / lebte / .

2. Emil / lebte / in Berlin / ?

3. ging / Rotkäppchen / Wohin / ?

4. die Tür / der Wolf / machte … auf / .

5. der Jäger / die Großmutter / wollte / besuchen /.

Das Verb im Präteritum steht
– im Aussagesatz auf Position 2.
– in Ja/Nein-Fragen auf Position 1.
– in W-Fragen auf Position 2.

Trennbare Verben sind auch im Präteritum trennbar.

Modalverben im Präteritum bilden mit dem Infinitiv die Satzklammer.

rammatik 3 [Richtungsangaben] **Verbinde.**

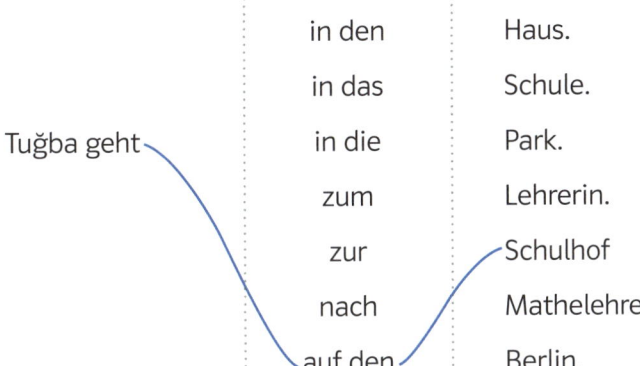

in den	Haus.
in das	Schule.
in die	Park.
Tuğba geht	zum	Lehrerin.
zur	Schulhof
nach	Mathelehrer.
auf den	Berlin.

Für Richtungsangaben brauchst du Präpositionen, z.B.:
zu + Person / Richtung
nach + Land / Stadt
in + (geschlossener) Ort

„Wohin?" >
Präposition + Akkusativ
❗ zu / nach + Dativ
zu + dem › zum
zu + der › zur

rammatik 4 [Ortsangaben] **Ergänze den bestimmten Artikel im Dativ.**

1. Tuğba ist in __der__ Klasse von Frau Langer.

2. Sie sitzt neben .... Schüler aus Afghanistan, Rashed,

   und neben .... Schülerin aus Bulgarien, Ipek.

3. Tuğba macht gerne die Aufgaben i........... Deutschbuch.

„Wo?"
Ortsangaben machst du so:
Präposition + Dativ

in + dem › im

rammatik 5 [Wechselpräpositionen] **Streiche den falschen Artikel durch.**

1. Amer legt das Buch auf den ~~dem~~ Tisch. Das Buch liegt auf den dem Tisch.

2. Kadir geht an das dem Fenster. Er steht ans am Fenster.

3. Ipek geht heute in die der Schule. Sie war gestern nicht in die der Schule.

4. Meron geht zu die den Schülern. Sie steht neben die den Schülern.

5. Ich setze mich auf den dem Stuhl. Ich sitze auf den dem Stuhl.

an, auf, hinter, in, neben, über, unter, vor, zwischen sind Wechsel-präpositionen. Sie geben eine Richtung und einen Ort an.

Richtungsangaben + Akkusativ
Ortsangaben + Dativ

rammatik 6 [Adjektive deklinieren: Nominativ] **Markiere die Endungen und ergänze dann.**

	bestimmter Artikel	unbestimmter Artikel
M	Der groß**e** Schüler ist William.	Sergio ist ein gut**er** Schüler.
N	Das neue Buch ist gut.	Das Deutschbuch ist ein gutes Buch.
F	Die kleine Schülerin heißt Keying.	Tuğba ist eine gute Schülerin.
Pl.	Die neuen Schüler heißen Razan und Ovidiu.	Wir haben❗nette Schülerinnen in der Klasse.

1. Die krank..... Großmutter wohnte allein.

2. Der nett..... Jäger wollte sie besuchen.

3. Im Wald wohnte ein bös..... Wolf.

4. Rotkäppchen war kein dumm..... Kind.

5. Das ist ein alt..... Märchen.

6. Das ist mein alt..... Märchenbuch.

7. Ich mag alt..... Märchen sehr gern.

Adjektive vor Nomen haben eine Endung. Die Endung hängt vom Artikel, Genus (M, N, F) und Kasus (Nominativ, Akkusativ, Dativ) ab.

Nach dem Negativartikel und dem Possessiv-artikel ist die Adjektivendung wie nach dem unbestimmten Artikel.
Das ist *ein / kein / mein* alt**es** Buch.

da**s** Buch

☐ kontrolliert .... Datum, Unterschrift Lehrer/in

8 A Körper und Gesundheit

Noch mehr Wortschatz üben?

Frage deine Lehrerin / deinen Lehrer nach den Bild-Wort-Karten zu Lektion 8. Übe.

BILD-WORT-KARTEN

A2 1 ★ Komposita: Ergänze den fehlenden Wortteil und den Artikel.

~~Rettung~~ • sanitäter • Kranken • halle • haus • Sport

der   Rettungsdienst   _____wagen

_____Kranken_____   _____unterricht

_____Sport_____   Schul_____

A2 2 ★★ Welches Verb passt? Ordne zu.
★★★ Schreibe jeweils einen Beispielsatz ins Heft.

1. einen Unfall   leisten
2. Erste Hilfe   verletzen
3. den Fuß   untersuchen
4. Schmerzen   haben
5. sich am Fuß   haben
6. ins Krankenhaus   kommen

Übungsbuch S. 30, Aufgabe 2   TT.MM.JJJJ

1. Abilena hat einen Unfall.

A2 3 ★★ Ergänze die Sprechblasen. Höre noch einmal und kontrolliere. ▶13

Abilena hat sich verletzt.

_____ tut dir weh?

Au!! Ich _____ umgeknickt.

Anna, _____ die Schulsanitäter.

Kadir, _____ ein Kühlpack.

Wo _____ du Schmerzen?

Mein _____ tut so weh.

Wir _____ den Rettungsdienst

Hier in der Sporthalle _____

ein Unfall _____

Wir _____ dich jetzt _____ Krankenhaus.

_____ Krankenhaus untersucht dich ein Arzt.

A5 4 Was tut dir weh? Ergänze den Artikel und verbinde. Schreibe ins Heft wie im Beispiel.

tu**t** ... weh ‹ Singular
tu**n** ... weh ‹ Plural

Die   Ohren
_____ Zahn
_____ Kopf   tut   mir weh.
_____ Bauch   tun   Ich habe …schmerzen.
_____ Augen
_____ Hals

Übungsbuch S. 20, Aufgabe 4   TT.MM.JJJJ

Die Ohren tun mir weh.
Ich habe Ohrenschmerzen.

★★★ Was antwortest du auf die Frage?

Geht's dir nicht gut? Hast du Schmerzen?

_____
_____
_____

A5 5 ★ **Erkennst du die Wörter? Ergänze den Artikel und sortiere in deinem Heft.**

← der Arzt   die Ärztin →

____ praxis

Unfall ____

____ arzt

____ ärztin

der Hals-Nasen- ____ ____

____ ärztin

Kranken ____

____

Ort	Person
die Unfallklinik	der Zahnarzt

A5 6 ★★ **Wohin gehst du? Welche Präposition passt zu den Wörtern von Aufgabe 5? Schreibe Sätze ins Heft.**

zum   zur   in   ins

Ich gehe zum Arzt.

★★★ **Thema Gesundheit: Welche Orte und Personen kennst du noch? Ergänze.**

A5 7 ★★ **Wo? Ergänze die richtige Präposition und den Artikel.**

Wo warst du?

Und was hast du?

Ich war zuerst **beim** Augenarzt und dann ____ ____ Kinderärztin, dann ____ Krankenhaus und ____ ____ Unfallklinik. Danach war ich ____ ____ Praxis von Dr. Ahmadi und zum Schluss ____ ____ Hausärzten Dr. Dressler und Dr. Mirov.

Schnupfen.

❗ wo › Dativ!
Ort → im / in der
Person → beim, bei der, bei den

A6 8 ★★ **Wer macht was? Schreibe Sätze im Satzmodell ins Heft.**

das Mädchen

1

die Patientin   der Arzt

untersuchen

2

die Ärztin   ein Medikament

verschreiben

3

Tabletten

nehmen

Der Arzt untersucht die Patientin.

★★ **Subjekt oder Objekt? Markiere die Pronomen wie im Beispiel. Schreibe für die anderen Personen im Heft weiter.**

Subjekt → [Ich] bin krank. Der Arzt untersucht <u>mich</u>.

[Du] bist krank. Der Arzt untersucht <u>dich</u>. ← Objekt

(Er) ist krank. Der Arzt untersucht ihn.

Personalpronomen

Nom.	Akk.
ich	mich
du	dich
er	ihn
sie	sie
es	es
wir	uns
ihr	euch
sie / Sie	sie / Sie

★★ **Ersetze die Nomen durch Pronomen. Markiere: Subjekt oder Objekt?**

1. Im Sportunterricht ist ein Unfall passiert. (Er) war schlimm. Frau Schröder hat <u>ihn</u> gesehen.

2. Die Schulsanitäter sollen helfen. Anna ruft _____ an und _____ kommen sofort.

3. Kadirs Knie tut weh, aber _____ blutet nicht. Kadir kühlt _____ mit einem Kühlpack.

4. „Frau Langer, ich brauche _____. Bitte helfen _____ mir."

5. Ich habe _____ verletzt. _____ habe Schmerzen.

6. Kadir holt ein Kühlpack. Er holt _____ im Sekretariat. _____ liegt im Kühlschrank.

7. Meron hat Husten. Sie hat _____ seit drei Tagen. _____ ist sehr stark.

★★ **Ergänze die Sätze. Markiere die Pronomen.**

die Tochter

die Mutter

_____ zieht sich an.   _____ zieht sie an.

★★★ **Was macht Sergio? Ergänze.**

Sergio duscht _____, er zieht _____ an und _____.

★★ **[Reflexive Verben] Schreibe Sätze ins Heft.**

1. sich konzentrieren, die Schülerin
2. sich verschlucken, Tomás
3. sich krank fühlen, ich
4. sich verletzen, Abilena
5. sich ausruhen, wir
6. Aminata, sich ärgern

1. Die Schülerin konzentriert sich.

★ **Wähle drei reflexive Verben und schreibe für alle Personen.**

sich konzentrieren
Ich konzentriere mich.
Du konzentrierst ...

★★★ **Vergleiche mit deiner Sprache.**

Reflexivpronomen
Manche Verben benutzen Reflexivpronomen.

Formen:
Reflexivpronomen = Personalpronomen
❗ er / sie / es / sie / Sie › sich

B1 **13** ★★ **Was ist richtig? Kreuze an. Höre dann zur Kontrolle.** ▶ 17

1. Ewelina ist …
   a ☐ in der neunten Klasse.
   b ☐ in der zehnten Klasse.

2. An der Schule passieren …
   a ☐ selten Unfälle.
   b ☐ häufig Unfälle.

3. Die meisten Unfälle passieren …
   a ☐ auf dem Schulhof.
   b ☐ im Sportunterricht.

4. Unter der Nummer 112 erreicht man …
   a ☐ den Rettungsdienst.
   b ☐ die Schulsanitäter.

★★★ **Welche Fragen für den Notfall nennt Ewelina? Notiere in deinem Heft.**

B1 **14** ★★ **Ergänze den Text.**

> im Sportunterricht • in die Sporthalle • Erste Hilfe • Sanitäterhandy • im Sekretariat •
> ins Krankenhaus • der verletzte Fuß • Dienst • Rettungsdienst • im Matheunterricht

Eine Schülerin hat sich beim Volleyballspielen im Sportunterricht verletzt. Ben und ich hatten

.... Wir waren gerade ...., da hat

das .... geklingelt. Wir sind sofort ....

gerannt und haben .... geleistet.

Aber .... hat schlimm ausgesehen, deshalb haben wir

.... Bescheid gesagt und Frau Mai-Schmidt hat dann den

.... angerufen. Die Schülerin ist dann sogar ....

gekommen.

★★★ **Markiere die Verben im Text von Aufgabe 14. In welcher Zeitform erzählt Ewelina?**

Sie erzählt in der ...., die meisten

Verben sind im ...., nur .... und

.... sind im ....

B2 **15** ★★ **Ergänze die W-Fragen.**
★ **Schreibe die Fragen ins Heft. Mach dann mit Aufgabe 16 weiter.**
★★★ **Schreibe die Fragen ins Heft und antworte.**

> Wann • Was • Was für • Welche • Welche • Wer • Wie • Wie viele • Wo • Wo • Wohin

1 Wo ist der Unfall passiert?

2 .... ist der Unfall passiert?

3 .... ist der Unfall passiert?

4 .... Personen sind verletzt?

5 .... hat sich die Schülerin verletzt?

6 .... sind die Sanitäter sofort gerannt?

7 .... Schulsanitäter hatten Dienst?

8 .... haben die Schulsanitäter gemacht?

9 .... hat den Rettungsdienst angerufen?

10 .... eine Verletzung hatte die Schülerin?

11 .... Nummer hat der Rettungsdienst?

★ **Schreibe die passenden Antworten auf die Fragen von Aufgabe 15 ins Heft.**

A In der Sporthalle.

B Die Schülerin hat sich am Fuß verletzt.

C Die Schulsanitäter Ben und Ewelina hatten Dienst.

D Eine sehr schmerzhafte Verletzung am Fuß.

E Sie sind in die Sporthalle gerannt.

F Die Notrufnummer für ganz Deutschland ist 112.

G Sie haben Erste Hilfe geleistet.

H In der dritten Stunde bei Frau Schröder.

I Nur eine Person ist verletzt.

J Die Schulsekretärin Frau Mai-Schmidt hat den Rettungsdienst angerufen.

K Die Schülerin ist beim Volleyballspielen umgeknickt.

★★★ **Ergänze die Fragen und Antworten.**

1. Blutet ....? ....

2. .... Schmerzen? .... Fuß.

3. .... Uhr ist der Unfall passiert? .... 11:23 ....

4. .... Lehrer war anwesend? ....

5. Wer .... den .... gesehen? ....

★★ **Wo ist das passiert? Welche Präposition passt zu welchem Ort? Ergänze.**
★ **Markiere die Orte: M, N oder F?**

in
auf
vor

dem
der

___in der___ / ___vor der___ Cafeteria

.... / .... Sekretariat

.... / .... Fachraum Biologie

.... / .... Umkleidekabine

.... / .... Treppe

.... Schulhof

.... Flur

.... dritten Stock

.... Keller

Wo? › + Dativ

in + dem › im

★★ **Wann ist das passiert? Verbinde.**
★ **Schreibe die Zeitangaben ins Heft.**

Wann? › + Dativ

Unterrichtsende   dritten Stunde   zwei Tagen   23.4.   Matheunterricht

Pause   um   am   in der   im   zwischen   beim   vor   Umziehen

Wochenende   Essen   der ersten und der zweiten Stunde   10:15 Uhr

★★★ **Welche Präposition (und welcher Artikel) passt? Schreibe ins Heft.**

letzten Woche   letzten Jahr   Viertel nach drei   Aufräumen   Nachmittag   Winter

B3 20 **Was ist passiert? Ordne die Verben zu. Ergänze dann die Sätze.**

> fallen • blutet • umknicken • zusammenstoßen • schneiden • ausrutschen

1

2

3

vom Stuhl *fallen* _____

mit dem Fuß _____

sich in den Finger _____

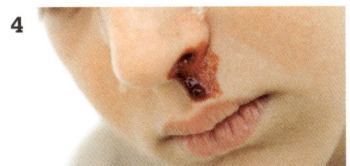
4

5

6

die Nase _____

auf der Treppe _____

mit einem Schüler _____

B3 21 ★★ **Ergänze die Verben von Aufgabe 20 im Präsens und im Perfekt.**

> ausgerutscht • gefallen • umgeknickt • geschnitten • geblutet • zusammengestoßen

Präsens

1. Melina *fällt* ____ vom Stuhl.

2. Abilena _____ mit dem Fuß _____

3. Ich _____ mir in den Finger.

4. Samys Nase _____ stark.

5. Frau Gil _____ auf der Treppe _____

6. Zwei Schüler _____

Perfekt

Sie *ist* ____ vom Stuhl *gefallen.* _____

Sie _____ mit dem Fuß _____

Ich _____ mir in den Finger _____

Samys Nase _____ stark _____

Sie _____ auf der Treppe _____

Sie _____ beim Fußball _____

B4 22 ★★ [Pronomen] **Sortiere.**

> mir • mich • du • dir • ihm • es • er • sie • ihr • wir • uns • ihr • euch • Ihnen • ihnen • Sie

Nom.	ich			sie	es
Akk.		dich	ihn		
Dat.					ihm

Nom.			sie		
Akk.	uns	euch	sie	Sie	
Dat.					

B4 23 ★★ **Schreibe Sätze wie im Beispiel ins Heft.**
Schreibe für alle Personen. Markiere die Pronomen.

> Abilena trifft <mark>mich</mark>. Sie spricht mit <mark>mir</mark>.
> Abilena trifft dich. Sie spricht mit …

jemanden treffen + Akk.
mit + Dat.

★★★ **Mit Akkusativ oder mit Dativ? Schreibe Sätze mit Pronomen.**

sehen   essen mit   erklären   gefallen   besuchen

B4 24 ★★ Ersetze die <u>Person</u> mit dem Pronomen im Dativ.

1. <u>Ich</u> habe Bauchschmerzen. Mir geht es schlecht.

2. <u>Kadir</u> ist beim Tischtennisspielen umgeknickt. _____ tut der Fuß weh.

3. <u>Keying</u> beruhigt ihren Freund. _____ ist das auch schon einmal passiert.

4. <u>Du</u> hast Geburtstag? Was kann ich _____ schenken?

5. <u>Wir</u> verstehen das nicht. Können Sie _____ das bitte noch mal erklären?

6. <u>Das Kind</u> kann nicht laufen. Ich helfe _____.

7. <u>Ihr</u> müsst den Saft probieren. Er schmeckt _____ bestimmt gut.

8. <u>Viele Schüler</u> sind krank. Der Kopf tut _____ weh und sie haben Schnupfen.

9. <u>Frau Schröder</u>, wie geht es _____? Schon besser?

B4 25 ★★ [Verben mit Dativ] Markiere das Dativ-Objekt wie im Beispiel.

1. Der Arzt erklärt ==dem Schüler== die Untersuchung.
2. Der Patient hört der Ärztin gut zu.
3. Das Medikament hilft den Kranken.
4. Kamillentee schmeckt dir und Kacper.
5. Du gibst Kacper und mir Tipps.
6. Ich wünsche dem Mädchen gute Besserung.
7. Amer schenkt seinen Freunden gern Waffeln.

★★★ Übersetze in deine Sprache und vergleiche die Satzstruktur.

B4 26 ★★ Schreibe die Sätze von Aufgabe 25 mit einem Pronomen im Dativ.

1. Der Arzt erklärt dem Schüler die Untersuchung. > Der Arzt erklärt ihm die Untersuchung.

B4 27 ★★ Amer besucht Abilena. Ergänze den Dialog.

▶ Hallo Abilena, wie geht es _____? Ich habe _____ etwas mitgebracht.

◁ Das ist nett von _____. Oh, Waffeln! Ich danke _____! Die schmecken _____!

▶ Du tust _____ leid! Dein Fuß hat _____ bestimmt weh getan, oder? Weiß Frau Langer schon Bescheid?

◁ Ja, mein Vater hat mit _____ gesprochen.

▶ Wer bringt _____ denn die Hausaufgaben?

◁ Anna und Kadir. Sie helfen _____ mit Deutsch und ich helfe _____ mit Mathe.

▶ Ah, ach so. Mathe ist nicht so schwer. Frau Zimmermann hat _____ das gut erklärt.

■ Na, ihr beiden. Kann ich _____ was zu trinken bringen?

▶ Das ist nett von _____, Herr Romanov.

★★★ Amer und Ipek besuchen Abilena.
Was musst du ändern?
Schreibe den Dialog um.

Amer: Hallo Abilena, …
Wir haben dir …

B5 28 ★★ **Hör noch einmal. Was stimmt? Kreuze an.** ▶ 18

1. Kacper hat … a ☐ hohes Fieber. b ☐ erhöhte Temperatur.

2. Er hat seit … a ☐ heute Nacht b ☐ drei Tagen schlimme Schmerzen.

3. Er hat schon … a ☐ Tabletten genommen. b ☐ Tee getrunken.

4. Kacper hat … a ☐ einen Infekt. b ☐ gar nichts.

5. Er soll … a ☐ zwei Tage zu Hause bleiben. b ☐ morgen in die Schule gehen.

B5 29 ★★ **Was hast du? Ordne zu. Wie sagt man das in deiner Sprache?**
Schreibe ins Heft.

schlecht/übel   Fieber

Kopfschmerzen   Kopf tut weh

kalt

friere   Halsweh

Ich habe …
Mein/Meine …   Husten
Mir ist …   heiß   huste
Ich …

Schnupfen   schwitze

Nase läuft

schwindlig   Durchfall

Mir ist übel. › Niedobrze mi.

B6 30 **Was sagt der Patient (P)? Was sagt der Arzt (A)? Notiere.**
Schreibe den Dialog ins Heft.

Guten Tag. (P)   (A) Hallo!
Na, was fehlt dir denn?

Ok, ich untersuche dich jetzt mal.   Ich habe Tee getrunken und war ganz oft auf der Toilette. Aber ich habe keine Medikamente genommen.

Danke. Auf Wiedersehen.
Hast du auch Fieber?   Ich habe starke Bauchschmerzen. Mir ist schlecht und ich habe Durchfall und muss erbrechen.

Was hast du schon dagegen gemacht?

Wir messen mal. 37,8 Grad. Das ist kein Fieber, nur erhöhte Temperatur. Wie lange hast du das schon?

Ich weiß nicht. Mir ist kalt und ich friere.

Seit gestern. Und heute Nacht war es ganz schlimm.

der Patient/die Patientin   _der Arzt/die Ärtzin_
Guten Tag!
Hallo! Na, was …

★★ Was hilft dir? Ordne zu. Gib dann Tipps wie im Beispiel.

Tee • oft die Hände • Hustensaft • Fieber • Tabletten • Obst • im Bett • zum Arzt • ein paar Tage • Eis

trinken • nehmen • nehmen • gehen • zu Hause bleiben • waschen • messen • bleiben und schlafen • essen • essen

Trink Tee!
Du musst Tee trinken.

★★★ Welche Tipps hast du für …

1. Frau Langer, sie hat eine starke Erkältung
2. zwei Freunde, sie haben Kopfschmerzen

So kannst du Tipps geben
› mit dem Imperativ
› mit dem Modalverb *müssen*

★★ Schreibe Sätze mit dem Modalverb „sollen" wie im Beispiel.

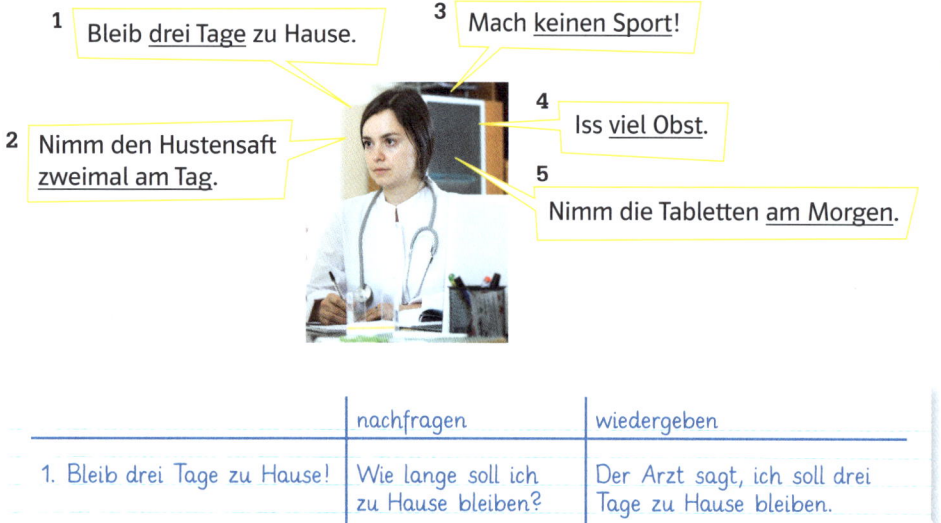

1 Bleib drei Tage zu Hause.

3 Mach keinen Sport!

4 Iss viel Obst.

2 Nimm den Hustensaft zweimal am Tag.

5 Nimm die Tabletten am Morgen.

Mit dem Modalverb *sollen* kannst du nachfragen / wiedergeben, was eine andere Person gesagt hat.

	nachfragen	wiedergeben
1. Bleib drei Tage zu Hause!	Wie lange soll ich zu Hause bleiben?	Der Arzt sagt, ich soll drei Tage zu Hause bleiben.

★★ Trenne die Wörter. Schreibe Kacpers Entschuldigung.

Denke an die Satzzeichen.

Frankfurt27Februar2017EntschuldigungfürKacperKowalskiIntensivklasseFrauLangerSehr geehrteFrauLangermeinSohnKacperwarkrankundkonntevom21bis24Februar2017nichtamUnterricht teilnehmenBitteentschuldigenSieseinFehlenVielenDankfürIhrVerständnisMitfreundlichenGrüßen NinaKowalski

Frankfurt, ...

für ....

Sehr ...., ...

....

....

....

Vielen ....

Mit ....

....

★★★ Schreibe eine Entschuldigung für Abilena Romanov in dein Heft. Ergänze fehlende Informationen. Aufgabe 33 hilft.

Unfall   im Krankenhaus   eine Woche   Sandro Romanov   kommt am Montag, dem …, wieder

B8 35 [Aussprache] **Wörter mit H/h üben** ▷ 21

GRUPPE

- **Hört zu und sprecht leise mit.**
- **Übt dann die Wörter wie im Beispiel.**
- **Hört noch einmal und sprecht laut mit. Lest dann vor.**

Alle hüpfen hoch

Hanna **h**üpft **h**och und Anna **h**üpft **h**och.
Ipek **h**üpft **h**och.
Abilena **h**üpft **h**och.
Der **H**ausmeister **h**üpft **h**och.
Die Ärztin **h**üpft **h**och.
Ein **H**und **h**üpft **h**och.
Alle **H**unde **h**üpfen **h**och.
Hier in der **H**alle **h**üpfen jetzt alle.

Ha-Ha-Hanna

hü-hü-hüpfen

B9 36 [Aussprache] **Wo spricht man H/h? Wo spricht man H/h nicht?**

- **Lies die Wörter laut. Wo spricht man H/h? Markiere wie im Beispiel.**
- **Ergänze die Regel.**
- **Lies die H-Wörter noch einmal vor.**

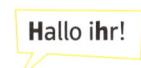

Hallo i**h**r!

Hausmeister   Lehrerin   Licht

Herbst   Mannschaft   Mathebuch

Rathaus   Zahl   Spaghetti

Hip-Hop   Bushaltestelle

spricht man • spricht man nicht
H/h vor Vokal (wie in „hallo") ....
H/h nach Vokal (wie in „ihr") ....

B9 37 [Aussprache] **Reimwörter mit und ohne H/h** ▷ 23

GRUPPE

- **Reimwort-Paare: Hört zu. Ergänzt das Reimwort.**
- **[Wechselkärtchen] Schreibt die Reimwörter mit und ohne H/h auf, spielt und sprecht.**

1	er	
2		hier
3	in	
4		Hund

5	Eis	
6		Haus
7	alle	
8		Hände

er   her

B10 38 [Aussprache] **H-Wörter-Echo** ▷ 24

GRUPPE

- **Hört ein Beispiel.**
- **Spielt: Einer ruft ein Wort. Die anderen wiederholen das Wort dreimal im Chor.**

Hallo! …   Hier! …   He! …   Hi! …

Hierher! …   Huhu! …   Hilfe! …   Herhören!

C2 **39** ★★ [Untrennbare Verben] Trenne die Verben. Schreibe sie ab und markiere die Vorsilbe.

erklärenbesuchenbekommenerkrankenvermissengehörenuntersuchenverletzenverstehen

erklären,

_____

★★★ Bilde weitere untrennbare Verben mit den Vorsilben. Schreibe ins Heft.

> suchen • schreiben • nutzen • richten • halten • gleichen •
> achten • zählen • treten • streichen • hören • finden • fehlen

versuchen,

> Verben mit den Vorsilben *be-, er-, ge-, unter-* und *ver-* sind immer untrennbar.

> weitere Vorsilben von untrennbaren Verben sind: *ent-, miss-, zer-*

C2 **40** ★★ Ergänze die passenden Verben von Aufgabe 39 im Präsens.

Abilena __verletzt__ sich im Sportunterricht. Der Arzt _____ sie im Krankenhaus.

Er _____ ihr die Untersuchung, aber Abilena _____ ihn nicht so gut.

Abilena _____ ihre Freunde, deshalb _____ Amer Abilena zu Hause.

★★★ Welche drei Verben von Aufgabe 39 haben nicht gepasst? Schreibe eigene Sätze mit den Verben.

er _____ ›

_____ ›

_____ ›

C2 **41** ★★ Bilde das Präteritum der Verben von Aufgabe 39.

er er**klärte**	er ge_____
er be_____	er unter_____
er er_____	er ver_____
er ver_____	

Präteritum mit Vokalwechsel

er _____ stand	er _____ kam

C2 **42** ★ Schreibe die Sätze von Aufgabe 40 im Präteritum.

★★ Schreibe eigene Sätze mit den Verben von Aufgabe 41. Benutze Zeitangaben der Vergangenheit.

★★★ Schreibe eigene Sätze mit den Verben von Aufgabe 41 zum Thema „Gesundheit", „Sport" oder „Schule". Benutze Zeitangaben der Vergangenheit.

C2 43 ★★ [Verben auf „-ieren"] Ergänze. Schreibe auch in deiner Sprache. Schlage im Wörterbuch nach.

Infintiv auf *-ieren*	Bedeutung	meine Sprache
informieren	Informationen geben	a informa
ieren	Alarm schlagen im Notfall	
ieren	über das Telefon sprechen	
ieren	eine Operation machen	
ieren	Respekt haben	
ieren	oft üben, Training	
ieren	nachsehen, Kontrolle machen	

★★★ Welche Verben auf „-ieren" kennst du noch? Schreibe wie oben ins Heft.

C2 44 ★★ Bilde das Präteritum der Verben von Aufgabe 43.

Verb auf „-ieren"	Präteritum mit „-te-"
informieren	er informierte

★ Schreibe zu jedem Verb einen Satz im Präteritum. Variiere die Person.

> Die Schüler informierten die Lehrerin.
> Wir trainierten ...

Verben auf *-ieren* bilden das Präteritum mit *-te*.

Denke auch an die Personalendung!

ich / er / sie / es informier**te**
du informier**test**
wir / Sie / sie informier**ten**
ihr informier**tet**

★★★ Schreibe zu allen „-ieren"-Verben von Aufgabe 43 einen Satz ins Heft. Variiere die Person und die Zeitangabe.

C3 45 Die Zeitung berichtet: Ergänze das Verb im Präteritum.
★★★ Löse ohne Hilfe. Decke die Wörter im Kasten ab.

endete • brachten • fühlten • schloss • kam • bekamen • erkrankten • gingen • informierten • rief • alarmierte • telefonierte • untersuchten • hatten • erklärte

Geschwister-Scholl-Schule wegen Norovirus geschlossen

Bauchschmerzen, Übelkeit, Durchfall und Erbrechen: Für mehr als zehn Schüler der Geschwister-Scholl-Schule endete (enden) der Donnerstag im Krankenhaus. Über 60 Schüler _____ (gehen) nach Hause, weil sie sich krank _____ (fühlen). Bereits am Mittwoch _____ (bekommen) die ersten Schüler Bauchschmerzen und starkes Erbrechen. Am Donnerstagvormittag _____ (erkranken) dann immer mehr Schüler sowie drei Lehrer. Die Schulsanitäter _____ (informieren) die Schulleiterin, sie _____ (rufen) den Notarzt. Die Schulleiterin _____ (alarmieren) außerdem das Gesundheitsamt und _____ (telefonieren) mit dem Schulamt. Mehrere Krankenwagen _____ (bringen) die Schüler ins Krankenhaus. Die Ärzte im Krankenhaus _____ (untersuchen) die jungen Patienten. Alle _____ (haben) das Norovirus. Wie das Virus in die Schule _____ (kommen), ist bislang unklar, _____ (erklären) Schulleiterin Henriette Balke. Das Gesundheitsamt _____ (schließen) die Schule bis voraussichtlich Montag.

C3 46 ★ **Augenzeugen erzählen. Markiere die Verben.**

So krank **habe** ich mich noch nie **gefühlt**! Mir war schwindlig und ich habe nur noch schwarz gesehen. Die Schulsanitäter haben sich um die kranken Schüler gekümmert, aber das waren einfach zu viele. Und dann ist der Notarzt gekommen und hat uns untersucht. Tja, und dann sind einige Schüler ins Krankenhaus gekommen. Das hat gar keinen Spaß gemacht.

Die Schulsanitäter **haben** mich sofort **informiert**. Ich habe Angst bekommen, denn so viele kranke Schüler auf einmal hatte ich noch nie an der Schule. Ich habe mit dem Gesundheitsamt telefoniert und das Gesundheitsamt hat die Schule bis Montag geschlossen. Mehrere Mitarbeiter vom Gesundheitsamt sind in die Schule gekommen und haben die Cafeteria und die Toiletten desinfiziert.

C3 47 ★★ [Zeitformen] **Vergleiche die Texte von Aufgabe 45 und 46. Ergänze dann.**

berichtet · erzählen · mündliche · Perfekt · Präteritum · Präteritum · Vergangenheit

Im Text von Aufgabe 45 .... die Zeitung über ein Ereignis in der Vergangenheit.

Berichte schreibt man oft in der Zeitform ....

Die Texte von Aufgabe 46 sind .... Berichte von Augenzeugen.

Sie .... von einem Ereignis in der .... Mündlich berichtet

man eher in der Zeitform .... Die Verben *haben*, *sein* und Modal-

verben benutzt man aber auch hier im ....

C3 48 ★★ **Schulreporterin Janina erzählt. Schreibe im Perfekt ins Heft.**

Leute, die Schule kann ganz schön gefährlich sein! Vorgestern (passieren) ein Unfall in der Cafeteria. Ein Junge aus der Intensivklasse (verschlucken) sich an einer Möhre. Er (bekommen) keine Luft mehr und (hustet) stark. Zum Glück (reagieren) sein Freund sofort und (klopfen) ihm fest auf den Rücken. Der Junge (trinken) dann noch einen Schluck Wasser und alles war wieder gut.

Leute, die Schule kann ganz schön gefährlich sein! Vorgestern ist ein Unfall in der Cafeteria passiert.

★★★ **Schreibe einen ähnlichen Text zu diesem Bild in dein Heft.**

C3 49 ★★ **Ein Bericht für die Schülerzeitung: Schreibe den Text von Aufgabe 48 im Präteritum ins Heft.**

Die Schule kann ganz schön gefährlich sein! Vorgestern passierte ein Unfall in der Cafeteria.

C4 50 **Welche Verben sind wichtig für dich? Suche im Übungsbuch auf S. 26/27 und 48/49 und notiere zehn Infinitive.**

....

....

C6 **51** ★★ **Warum? Ordne die Gründe zu.**

> Weil Abilena einen Unfall hatte. • Weil ihr Fuß gebrochen ist. •
> Weil ihr Fuß schlimm aussah. • Weil sie Erste Hilfe leisten mussten.

1. Warum rief Anna am Dienstag die Schulsanitäter?

....

2. Warum rannten Ben und Ewelina in die Sporthalle?

....

3. Warum kam Abilena ins Krankenhaus?

....

4. Warum kann Abilena ein paar Wochen nicht am Sportunterricht teilnehmen?

....

★★★ **Weißt du den Grund? Suche in der Lektion 8. Schreibe ins Heft.**

Warum geht Kacper zum Arzt? Warum geht Samira zum Arzt?
Warum besucht Amer Abilena zu Hause? Warum hustet der Junge in der Cafeteria stark?

C6 **52** ★★ [Konnektor „weil"] **Schreibe die Sätze von Aufgabe 51 im Satzmodell.**

Hauptsatz   Nebensatz

1. (Anna) (rief) am Dienstag die Schulsanitäter, weil [Abilena] einen Unfall (hatte) .

2. Ben und Ewelina rannten in die Sporthalle,

3. Abilena kam ins Krankenhaus,

4. Abilena kann ein paar Wochen nicht am Sportunterricht teilnehmen,

★★★ **Schreibe deine Sätze von Aufgabe 51 im Satzmodell ins Heft.**

C6 **53** ★ **Haupt- oder Nebensatz? Markiere zuerst die Verben, dann den Nebensatz.**
★★ **Schreibe die Sätze mit „weil" ins Heft: HS, NS.**

1.   ich (esse) ein Eis   ich Halsschmerzen (habe)
2.   er gut schmeckt   wir trinken Tee
3.   Rashed ist fit   er viel Sport macht
4.   sie krank ist   Frau Langer trinkt keinen Kaffee
5.   er starke Kopfschmerzen hatte   Sergio konnte gestern keine Hausaufgaben machen

> Im Nebensatz (NS) steht das Verb am Satzende.
>
> Denk an das Komma hinter dem Hauptsatz und das Satzeichen am Satzende!

HS   NS

1. (Ich) (esse) ein Eis, weil (ich) Halsschmerzen (habe) .

C7 54 ★ **Warum? Unterstreiche den Grund.**

1. Frau Langer hat Kopfschmerzen. Frau Langer nimmt eine Tablette.

2. Tuğba hat starke Halsschmerzen. Tuğba geht heute noch zum Arzt.

3. Kadir muss husten. Kadir hat sich verschluckt.

4. Linh war nicht in der Schule. Linh muss den Deutschtest nachschreiben.

5. Herr Peters ist krank. Herr Peters kann heute kein Englisch unterrichten.

6. Die Nase von Ipek blutet. Ipek ist mit Kacper zusammengestoßen.

7. Frau Langer muss heute Mathe unterrichten. Frau Zimmermann ist krank.

8. Die Schulleiterin hatte Angst. So viele Schüler erkrankten an einem Tag.

> Nach dem Grund kannst du mit „Warum?" fragen.
>
> Warum nimmt Frau Langer eine Tablette?
> Grund: Sie hat Kopfschmerzen.
>   Hauptsatz
>
> Frau Langer nimmt eine Tablette, weil sie Kopfschmerzen hat.
>   Nebensatz

C7 55 ★★ **Verbinde die Sätze von Aufgabe 54 mit „weil". Markiere die Verben.**

1. Frau Langer (nimmt) eine Tablette, weil Frau Langer Kopfschmerzen (hat).

2. ....

3. ....

4. ....

5. ....

6. ....

7. ....

8. ....

★★★ **Ersetze das Subjekt im „weil-Satz" durch ein Pronomen. Bei welchen Sätzen geht das nicht?**

> Ist das Subjekt in HS und NS gleich, kannst du im NS ein Pronomen für das Subjekt benutzen.

C7 56 ★ **Schreibe die Sätze 1–5 von Aufgabe 55 in dein Heft. Ersetze das Subjekt im „weil"-Satz durch ein Personalpronomen.**

>   sie
> 1. Frau Langer nimmt eine Tablette, weil ~~Frau Langer~~ Kopfschmerzen hat.

C7 57 ★★★ **Denke dir Gründe und Folgen aus. Schreibe Sätze mit „weil" ins Heft.**

… habe keine Hausaufgaben gemacht …

… ich mag …

… Vegetarier bin …

… mir geht es heute gut …

… kann nicht kommen …

… der Wecker hat nicht geklingelt …

C8 58 ★★ **Gesund und munter – ein Quiz: Kreuze an. Wie heißt das Lösungswort?**

1. Warum ist Fastfood nicht gesund?

   K ☐ Man isst zu schnell.   G ☐ Es enthält zu viel Fett und Salz.

2. Warum bekommen manche Menschen schnell Kopfschmerzen?

   E ☐ Sie trinken nicht genug.   R ☐ Sie denken zu viel.

3. Warum soll man lieber Wasser als Limonade trinken?

   A ☐ Wasser ist billiger.   S ☐ Wasser enthält keinen Zucker.

4. Warum ist Sport gesund?

   U ☐ Der Körper braucht Bewegung.   N ☐ Sportvereine brauchen Mitglieder.

5. Warum sind Energydrinks schlecht?

   N ☐ Sie enthalten viele ungesunde Inhaltsstoffe.   K ☐ Sie schmecken nach Gummibärchen.

6. Warum ist es nicht gut, zu viel vor dem Computer oder dem Handy zu sitzen?

   E ☐ Der Akku ist schnell leer.   D ☐ Es ist schlecht für die Augen.

Das Lösungswort ist: .... heit

★★★ **Schreibe noch andere richtige Antworten auf die Fragen.
Schreibe Sätze mit „weil" oder „da".**

> In schriftlichen Texten benutzt man auch „da": Sport ist gesund, *da* der Körper Bewegung braucht.

C8 59 ★★ **Schreibe Haupt- und „weil"-Nebensätze mit den Fragen und Antworten von Aufgabe 58. Vertausche die Positionen.**

Fastfood ist nicht gesund, weil es zu viel Fett und Salz enthält .

Weil Fastfood zu viel Fett und Salz enthält , ist es nicht gesund .

> Ein Pronomen für das Subjekt steht immer erst im zweiten Satzteil.

C8 60 ★★ **Schreibe die Fragen richtig ins Heft. Antworte auf die Fragen.**

1. deine Hausaufgaben / hast / nicht gemacht / warum / du / ?

2. zu spät / warum / ihr / seid / gekommen / heute / ?

3. mitgebracht / du / warum / hast / nicht / dein Deutschheft / ?

4. warum / du / warst / im Sportunterricht / vorgestern / nicht / ?

5. freust / dich / warum / du / ?

> 1. Warum hast du deine Hausaufgaben nicht gemacht?
>   › Ich habe meine Hausaufgaben nicht gemacht, weil ...

C8 61 ★★ **Habt ihr „Warum"-Fragen zu Deutschland?
Bildet Gruppen und schreibt Fragen.
Fragt und antwortet dann in der Klasse.**

8 D Meine Meinung

D6 62 ★ **Begründung oder Beispiel? Ordne zu.**

In meiner Klasse sind viele Kinder nicht fit. • Sie bewegen sich zu Hause auch nicht viel. • Schüler in der Schule den ganzen Vormittag sitzen.

Behauptung (These): 1. Schulsport ist wichtig, weil …

Begründung (Argument): ....

Beispiel: ....

....

D6 63 ★ **Nummeriere: 1. These, 2. Argument, 3. Beispiel.**
Schreibe dann und verbinde These und Argument mit „weil".

◯ Man kann sich schnell verletzen.   ◯ Schulsport ist gefährlich.

◯ In meiner Klasse hat sich ein Mädchen am Fuß verletzt. Sie musste ins Krankenhaus!

These: ....

Argument: ....

Beispiel: ....

D7 64 ★ **Was passt zusammen? Schreibe ins Heft.**

These

1. Man muss in der Schule über gesunde Ernährung sprechen.   meine Meinung   Das finde ich auch, …
2. Zu viel auf das Handy sehen ist nicht gut.   Das finde ich nicht, …

weil viele Schüler das nicht zu Hause lernen.
weil die Eltern das ihren Kindern erklären müssen.   Begründung (Argument)
weil die Augen sich sehr anstrengen müssen.
weil das Handy sehr wichtig für viele Jugendliche ist.

> 1. Man muss in der Schule über gesunde Ernährung sprechen.
> Das finde ich auch, weil …   Das finde ich nicht, weil …

D7 65 ★ **Lies das Beispiel. Ergänze eine These, Meinung und Begründung von Aufgabe 64.**

These →   …
meine Meinung + →   Das finde ich …, weil …
Begründung   Ich habe am Abend oft Kopfschmerzen, weil ich lange gespielt und gechattet habe. ← Beispiel

D7 66 ★ **Argumentiere. Schreibe ins Heft.**

These →Man muss in der Schule über gesunde Ernährung sprechen.   Man soll keine Süßigkeiten essen.

meine Meinung + →Das finde ich …   Das finde ich …
Begründung

Beispiel

E3 67 ★ Meron erzählt vom Sportfest. Warum passen die durchgestrichenen Sätze nicht in einen schriftlichen Bericht? Kreuze an.

> Letzten Samstag hat das Sportfest an der Goetheschule stattgefunden. Sehr viele Schüler, Lehrer und Eltern sind gekommen und haben mitgemacht. Die Schüler und Lehrer haben ein abwechslungsreiches Programm gezeigt. Zuerst hat die Tanz-AG eine Hip-Hop-Show präsentiert. ~~Hey, da möchte ich auch mal mitmachen, das war so toll!~~ Dann konnten alle an verschiedenen Wettbewerben teilnehmen. Viele Schüler haben auch das Sportabzeichen gemacht. Die siebten Klassen haben ein Volleyballtunier organisiert. Lehrer und Eltern haben auch eine Mannschaft gebildet. Sie mussten gegen zwei Schülermannschaften spielen. ~~Das war total witzig, weil Frau Blume eine schöne rote Sporthose anhatte – aber sie kann überhaupt nicht Volleyball spielen.~~ Die Schüler haben beide Spiele gewonnen. ~~Ich glaube, allen hat das Fest großen Spaß gemacht. Und zum Glück~~ hat sich keiner verletzt. ~~Aber das Essen hat mir nicht so geschmeckt, weil ich keine Ananas auf der Pizza mag.~~

1. ☐ persönlicher Kommentar von Meron

2. ☐ unwichtig

3. ☐ Satz ist falsch geschrieben

4. ☐ nur Merons Meinung / Gefühl

E3 68 ★ Markiere die Verben im Text von Aufgabe 67. Lasse die durchgestrichenen Sätze weg. Welche zwei Sätze sind schon im Präteritum?

Dann ....

....

E3 69 ★ Schreibe die Verbformen im Perfekt aus dem Text von Aufgabe 67 heraus und ordne die Verbform im Präteritum zu.

> bildeten • ~~fand … statt~~ • gewannen • kamen • machten • machten … mit • organisierten • präsentierte • verletzte • zeigten

Perfekt	Präteritum
hat stattgefunden	fand … statt

E3 70 ★ Schreibe jetzt den Bericht für die Schülerzeitung ins Heft. Ersetze die markierten Verben mit den Verben im Präteritum. Lasse die durchgestrichenen Sätze weg.

Sportfest an der Goetheschule
Letzten Samstag fand das Sportfest an der Goetheschule statt. …

Mein Wortschatz 8

Nomen

der Ablauf, ⸚e	der Grad, -e → 37 Grad	der Notruf, -e
der Alarm	(°C = Grad Celsius)	das Ohr, -en
das Argument, -e	der Hals, ⸚e	die Operation, -en
der Arzt, ⸚e → die Ärztin, –nen	der Hauptteil, -e	das Papier, -e
das Auge, -n	die Haut	der Patient, -en
das Aussehen	das Herz, -en	die Praxis, Praxen
der Bauch, ⸚e	die Klinik, -en	die Reihenfolge
die Bedeutung, -en	das Knie, -	der Rettungsdienst, -e
die Begründung, -en	der Kommentar, -e	der Rücken, -
die Behauptung, -en	der Kopf, ⸚e	der Sanitäter, -
der Bericht, -e	der Körper, -	der Schmerz, -en
das Detail, -s	der / die Kranke, -n	das Symbol, -e
der Dienst, -e → Dienst haben	das Krankenhaus, ⸚er	die Tablette, -n
die Einleitung, -en	der Krankenwagen, -	die Temperatur, -en
die Entschuldigung, -en	der Kühlschrank, ⸚e	→ erhöhte Temperatur
das Ereignis, -se	die Luft → Luft bekommen	die These, -n
der Finger, -	das Material, -ien	der Unfall, ⸚e
die Fragestellung, -en	das Medikament, -e	die Untersuchung, -en
der Flur, -e	der Mitarbeiter, -	der Versuch, -e
die Form, -en	der Moment, -e	das …weh
der Geruch, ⸚e	das Motiv, -e	→ Halsweh, Kopfweh, …
der Geschmack	der Mut	der Wettbewerb, -e
die Gesundheit	die Nase, -n	die Zunge, -n

Wortschatz 1 **Welche Wörter aus der Liste passen? Schreibe ins Heft.**

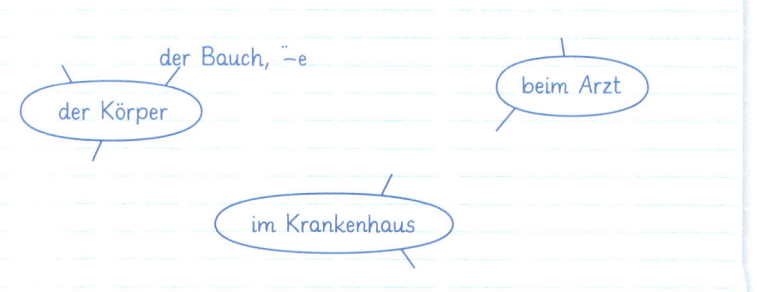

der Bauch, ⸚e

der Körper

beim Arzt

im Krankenhaus

Noch mehr üben?

- Übe mit den Bild-Wort-Karten zu Lektion 8.
- Schreibe *deine* Wörter ins Heft und ergänze eigene wichtige Wörter.
- Ergänze deine Sprache.

Wortschatz 2 **Welche Wörter aus der Liste passen? Schreibe ins Heft.**

argumentieren	berichten	eine Entschuldigung schreiben
das Argument, –e	der Bericht, –e	

Wortschatz 3 **Wortfamilien: Welche Verben aus der Liste passen? Schreibe auf.**

1. der Alarm – alarmieren

2. ruhig –

3. die Entschuldigung –

4. die Operation –

5. der Geruch –

6. die Untersuchung –

Verben

alarmieren	(sich) entschuldigen	sich kümmern	reagieren
sich anstrengen	fallen	lassen	riechen
sich anziehen	feststellen	Erste Hilfe leisten	schließen
sich ärgern	frieren	messen	schwitzen
ausfallen	sich fühlen	nachfragen	sich umziehen
ausprobieren	informieren	nachschreiben	untersuchen
sich ausruhen	sich konzentrieren	organisieren	verschreiben
beruhigen	kontrollieren	operieren	wehtun

Adjektive

abwechslungsreich	ernst	kreativ	rechter, rechtes,	schriftlich
anwesend	fest	leer ↔ voll	rechte	↔ mündlich
blind	häufig	leicht	ruhig	schwindlig
chronologisch	genau	modern	schlimm	unwichtig
echt	konzentriert	normal	schmerzhaft	witzig

Andere Wörter und Wendungen

auf einmal	bislang	mehrere	selbst	weil
außerdem	da = weil	mindestens	sogar	Vielen Dank für
auswendig	dagegen ↔ dafür	Mit freundlichen	sowie	Ihr Verständnis.
bereits → schon	genau	Grüßen	überall	voraussichtlich
Bescheid geben /	genug	nacheinander	warum	Was fehlt dir?
sagen / wissen	jemand	Sehr geehrte/r …	wegen	ziemlich

Wortschatz 4 **Verben: Schreibe zu allen Verben aus der Liste die 3. Person Singular Präsens, Präteritum und Perfekt ins Heft. Das Wörterbuch hilft.**

> *alarmieren: er alarmiert, er alarmierte, er hat alarmiert*

Wortschatz 5 **Noch mehr Wörter – Krankheiten und Verletzungen: Schreibe ins Heft wie im Beispiel. Welche Wörter aus der Liste passen noch?**

ansteckend • ~~bluten~~ • der Durchfall • erbrechen • das Erbrechen • sich erkälten • erkranken •
das Fieber • gebrochen • Gute Besserung! • husten • der Husten • der Infekt, -e •
der Knochenbruch, ¨e • Meine Nase läuft. • sich schneiden • der Schnupfen • übel • umknicken •
sich verletzen • verletzt • der / die Verletzte • das Virus, Viren

bluten

die Erkältung, –en   *die Übelkeit*   *die Verletzung, –en*

Wortschatz 6 **Noch mehr Wörter – Sport: Sortiere die Wörter nach Oberbegriffen. Schreibe ins Heft. Welche Wörter zum Thema Sport kennst du noch? Ergänze.**

die Bewegung, -en • sich bewegen • das Handballtraining • hochspringen • das Hockey • hüpfen •
die Matte, -n • schmettern • die Schülermannschaft, -en • das Spielfeld, -er • das Sportabzeichen, - •
das Sportgerät, -e • der Sportler, - • die Sportlerin, -nen • das Volleyballturnier, -e

die Matte –n   der Ball, –¨e   das Hockey   hochspringen

das Sportgerät, –e   *die Sportart, –en*   *die Leichtathletik*   *...*

Meine Grammatik 8

Grammatik 1 [**Perfekt und Präteritum**] **Markiere die Verben. Ergänze den Merkkasten.**

> Hallo Abilena, was **ist** dir denn **passiert**?

> Ach, … ich hatte letzte Woche einen Unfall. Wir haben in Sport Volleyball gespielt und ich habe mir den Fuß gebrochen. Der Krankenwagen musste kommen und hat mich in die Unfall-klinik gefahren. Das war echt blöd!

> Vorgestern passierte ein Unfall in der Cafeteria. Ein Junge verschluckte sich an einer Möhre. Er bekam keine Luft mehr und hustete stark. Seine Freunde reagierten sofort. Er hatte Glück.

Perfekt und Präteritum sind Zeitformen für die Vergangenheit.
Verben bilden das .... unterschiedlich:
- Verbstamm + -(e)te + (Personalendung)
- Änderung im Stammvokal + (Personalendung)
- Änderung im Stammvokal + -(e)te + (Personalendung)

Das .... benutzt du in schriftlichen Texten, z. B. Märchen oder Zeitungsberichten.

Das .... hat zwei Teile:
Hilfsverb *haben* oder *sein* im Präsens + Partizip II
Man benutzt das ....
meistens beim mündlichen Erzählen.

Modalverben, die Verben *haben* und *sein* benutzt du auch beim mündlichen Erzählen besser im ....

Grammatik 2 [**Pronomen**] **Markiere die Personalpronomen.**
Für wen oder was steht das Pronomen? Zeichne Pfeile wie im Beispiel.

Samira

der Arzt

das Medikament

Pronomen stehen für Nomen.
Sie „zeigen" oder „verweisen" auf Personen und Dinge.

Samira ist krank. **Sie** geht zum Arzt. Er sagt: „Du hast ein Virus, Samira."

Er verschreibt ihr ein Medikament. Sie nimmt es morgens und abends.

Grammatik 3 **Ergänze die Personalpronomen.**

Nominativ	Akkusativ	Dativ
	mich	
du		dir
er	ihn	
	sie	
es		ihm
wir		uns
	euch	
sie/Sie		

Pronomen haben unterschiedliche Formen.
Die Form hängt von Genus (M, N, F), Numerus (Sg., Pl.) und Kasus (Nom., Akk., Dat.) ab.

> entschuldigen + Akk.
> danken + Dat.

> Hallo, Frau Mai-Schmidt. Hier spricht Kacper Kowalski. .... habe Bauch-schmerzen. .... geht es nicht gut und .... kann heute nicht kommen. Können Sie .... bitte bei Frau Langer entschuldigen? .... danke .... , Frau Mai-Schmidt.

Grammatik 4 [Reflexivpronomen] Ergänze die Reflexivpronomen.

sich füh|len VERB refl.   sich aus|ruh|en VERB refl.

Ich fühle .... nicht gut.
Ich muss .... ausruhen.

Was, du fühlst .... nicht gut?
Frau Langer, Kadir fühlt .... nicht gut.
Er muss .... ausruhen.

> Manche Verben benutzen Reflexivpronomen.
>
> Reflexivpronomen sehen wie Personalpronomen aus.
> aber: er / sie / es / sie / Sie › sich

Grammatik 5 Welcher Grund passt? Verbinde die Sätze.

Folge
↓
1. Frau Langer geht zum Arzt.
2. Abilena ist in der Klinik.
3. Viele Schüler kamen ins Krankenhaus.

Grund
↓
Sie hat sich verletzt.
Sie hatten das Norovirus.
Sie ist krank.

Grammatik 6 [Konnektor „weil"] Schreibe die Sätze von Aufgabe 5 mit „weil".
Markiere die Verben.

1. Frau Langer (geht) zum Arzt, weil .... (..........).

2. Abilena ....,

....

3. ....,

....

> Du kannst einen Grund mit dem Konnektor weil und einem Nebensatz angeben. Im Nebensatz steht das konjugierte Verb am Satzende.

Grammatik 7 Schreibe die Sätze von Aufgabe 6 mit dem Nebensatz auf Position 1.
Markiere die Verben.

Nebensatz
↓ 1
Hauptsatz
2 ↓
1. Weil Frau Langer krank (ist), (geht) sie zum Arzt. ....

2. ....,

....

3. ....,

....

Grammatik 8 [Konnektor „da"] Schreibe Sätze.

Mir geht es gut, weil ich gesund bin.

...., da ....

Da ...., ...

> da ist ein Konnektor wie weil.

☐ kontrolliert .... Datum, Unterschrift Lehrer/in

T1 1 Textsorten: Sortiere.
★★★ Kennst du noch mehr Textsorten?
Ergänze die Tabelle im Heft.

das Märchen • der Fahrplan • das Formular • das Gedicht •
der Fachtext • die Anzeige • die Erlebniserzählung •
der Zeitungsbericht • der Steckbrief • das Interview

Fach- und Sachtexte / Gebrauchstexte	literarische Texte

Fach-, Sach- und Gebrauchstexte wollen Wissen oder Informationen vermitteln. Sie lassen Unwichtiges weg und sind möglichst objektiv.

Literarische Texte wollen unterhalten. Sie verwenden oft eine besondere Sprache. Der Autor schreibt subjektiv über wirkliche Ereignisse oder über frei Erfundenes.

T3 2 Training für die Augen: Lies die Buchstaben von A bis Z.
Lies mehrmals und stoppe die Zeit.

★

	A	M	Q	
K	R	H	W	D
X	F	N	G	T
E	Z	B	Y	O
L	P	V	U	I
	C	S	J	

★★

A	2	X	E	S	N
V	P	M	I	5	7
F	9	C	8	Z	J
4	K	6	H	T	G
R	1	U	3	O	3
B	Y	Q	L	D	W

★★★

A	Y	1	T	2	9	N
1	I	S	3	M	8	7
3	O	5	4	2	D	4
1	E	8	7	R	W	5
P	2	J	F	6	3	X
V	9	Z	4	5	Q	6
C	L	K	B	U	G	H

T3 3 Blitzlesen: Finde die Wortpaare links und rechts.
Lies mehrmals und stoppe die Zeit.

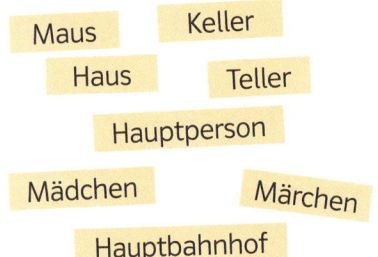

Maus   Keller
Haus   Teller
Hauptperson
Mädchen   Märchen
Hauptbahnhof

Märchen   Haus
Hauptperson
Keller   Hauptbahnhof
Maus   Teller
Mädchen

T3 4 Hier stimmt etwas nicht! Lies den Text laut vor.
★ Trage die Wortgrenzen in den Text ein.

★/★★ EswareinmaleinkleinesMädchen.EshatteimmereineroteKappean,deshalbhießesdasRotkäppchen.Ein esTagessagtedieMutterzuRotkäppchen:„GehzurGroßmutter,dennsieistkrank.HierhastdueinenKorbmit KuchenundWein."DieGroßmutteraberwohnteimdunklenWald.RotkäppchengingindenWald.Dakamein großerWolfundfragte:„Wohingehstdu,kleinesMädchen?"RotkäppchenhattekeineAngstundantwortete:

★★★ Bauchsch merzen,Üb elkeit,Dur chfallu ndEr brechen: Fü rmeh rals zeh nSchü lerde rGesch wister-
Scholl-Schu leend et ede rDon ner stagi mKran kenha us.Üb er 60 Schü lerging ennach Hau se,we
ilsiesichkr ankfühl ten.Ber eitsamMit twochbe kamendieers tenSchü lerBa uchschmer zenun dstar
kesEr bre chen.Am Don ners tagvor mit tager krankte ndan nim mermeh rSchül erso wiedre iLeh rer.

√T5 **5** **Rund ums Lesen – ein Test: Beantworte die Fragen stichwortartig.**
Lies dann die Auswertung. Welcher Lesetyp trifft (eher) auf dich zu?

1. Wo liest du?
☐ in der Schule
☐ zu Hause
☐ ....

2. Hast du einen „Lese-Lieblingsplatz"?
☐ Ja, das ist ....
☐ Nein.

3. Wann liest du?
☐ morgens   ☐ abends
☐ mittags / nachmittags   ☐ nachts

4. Warum liest du?
☐ weil ich muss
☐ weil ich mich informieren möchte
☐ weil es mir Spaß macht
☐ weil ....

5. Was liest du?
....
....
Was liest du auf Deutsch?
....
Was liest du in deiner Muttersprache?

Auswertung

Der „Gern-Leser"
Du liebst das Lesen und liest nicht nur in der Schule und für die Schule, sondern auch zu Hause und einfach mal nur zum Spaß. Du hast ziemlich sicher einen „Lese-Lieblingsplatz" und liest häufig und zu verschiedenen Tageszeiten. Du liest nicht nur in deinen Schulbüchern, Fach- und Sachtexte oder Gebrauchstexte, sondern sehr gern auch literarische Texte und Bücher.

Der „Zweck-Leser"
Du kannst natürlich lesen, aber du liest vor allem für die Schule, oder weil du eine Information brauchst. Bei Frage 3 hast du ein oder zwei Kästchen angekreuzt: Du liest natürlich morgens in der Schule, und nachmittags oder abends bei den Hausaufgaben. Vielleicht liest du ab und zu ein Buch, aber du machst in deiner Freizeit lieber andere Sachen.

T5 **6** **Lies den Text von Aufgabe T5 im Schülerbuch auf S. 35 noch einmal und beantworte die Testfragen von Aufgabe 5 für Marvin.**
★★★ Schreibe eine Testauswertung für Marvin ins Heft.

1. Wo liest Marvin?
Er liest zu Hause, in der Schule und unterwegs.

★★★
Meine Testauswertung für Marvin
Marvin ist eigentlich der Lesetyp ...

T5 **7** **W-Fragen zum Text: Lies den Leserbrief und beantworte die Fragen im Heft.**

Leserbriefe

zum Artikel „Ohne Lesen geht es nicht – Mein Selbstversuch zum Thema Lesen" von Marvin Ziegler

Ich liebe das Lesen und am liebsten lese ich immer und überall. Aber auch das Ergebnis von Marvins Selbstversuch wundert mich nicht. Wie er bin ich der Meinung: Ohne Lesen geht es im Alltag nicht!
Trotzdem können in Deutschland viele Menschen nicht oder nicht gut genug lesen. Das betrifft jeden zehnten Erwachsenen!
Lesen muss man üben und man muss früh mit dem Lesen anfangen. In vielen Familien liest man kleinen Kindern nicht oder nur wenig vor und hilft ihnen später auch zu wenig beim Lesenlernen.
Aus diesem Grund gibt es in Frankfurt das Projekt „Große lesen für Kleine": Wir gehen einmal in der Woche in Kindergärten oder Grundschulen. Dort lesen wir den Kindern vor, sprechen mit ihnen über die Geschichten und üben mit Grundschülern das Lesen. Das nennt man „Leseförderung".
Wer bei unserem Projekt mitmachen möchte, kann sich gern bei mir melden!

Lena, Klasse 10a

1. Wer schreibt den Text?
2. Was ist das Thema?
3. Welche Orte und Zeitangaben sind wichtig? (wann? wo?)
4. Welche Informationen sind wichtig?
5. Warum schreibt die Autorin den Text?

T6 √ 8 Überfliegendes Lesen: Verschaffe dir einen Überblick über den Text im Schülerbuch auf S. 36. Welche Überschrift passt auch zum Text? Kreuze an.

☐ Schnecken im Garten ☐ Wissen rund um die Schnecke ☐ Was hilft gegen Schnecken?

T6 9 Gezielt Informationen suchen: Lies die Fragen und finde die passenden Textstellen im Schülerbuch auf S. 36. Schreibe die Antworten ins Heft.

1. Wo gibt es Schnecken?
2. Wie viele Schneckenarten gibt es?
3. Was produzieren die Schnecken?
4. Wann ist die Schnecke unterwegs?
5. Welche Feinde hat die Schnecke?

6. Warum hat die Gehäuseschnecke ein Haus?
7. Wie schützen sich Nacktschnecken?
8. Was fressen Schnecken?
9. Wie fressen Schnecken?
10. Warum sind Schnecken bei Gärtnern unbeliebt?

T7 10 ★ Textknacker-Tipp 1: Unbekannte Wörter klären. Lies und kreuze an. Wende die Techniken dann bei anderen unbekannten Wörtern an.

1. Erschließt unbekannte Wörter aus dem Zusammenhang.

Schnecken gehören nicht unbedingt zu unseren Lieblingstieren und bei Gärtnern sind sie besonders unbeliebt.

Sucht das Wort „Gärtner" im ganzen Text. Wer oder was ist ein „Gärtner"?

☐ ☐ ☐

2. Analysiert unbekannte Wörter.

Manche leben an Land, manche im Meer oder auch im Süßwasser. → salzig

Wo gibt es „Süßwasser"?

☐ ☐ ☐

3. Schlagt unbekannte Wörter im Wörterbuch nach.

Ei·gen·schaft *die* <-, -en> ❶ (≈ *Qualität*) *Merkmal, Besonderheit:* Er besitzt viele gute Eigenschaften.

Welche Eigenschaften haben Schnecken? Sie haben …

☐ keine Knochen.
☐ einen Kriechfuß.
☐ giftigen Schleim.

T7 11 ★ Textknacker-Tipp 2: Nomen und ihre Vertreter.
- Verwende eine Kopie des Textes im Schülerbuch auf S. 36.
- Markiere im Text alle Nomen, „sie" und „ihr/ihr-".
- Stelle Verbindungen her wie im Beispiel.

Schnecken gehören nicht unbedingt zu unseren Lieblingstieren und bei Gärtnern sind sie besonders unbeliebt. Aber Schnecke ist nicht gleich Schnecke! Und sie haben viele interessante Eigenschaften.

T7 12 Lies den Text im Schülerbuch auf S. 36 noch einmal. Formuliere eine Bildunterschrift zu jedem Bild.

....

....

T7 13 ★★★ Was weißt du jetzt über Schnecken? Schreibe ins Heft.

Warum sind Schnecken einzigartig? Warum sind Schnecken unbeliebt?

T8 **14** ★/★★ **Einen literarischen Text lesen: Lest den Text. Stellt W-Fragen zum Text und beantwortet sie.**

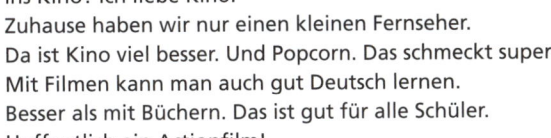

„Heute habe ich eine Überraschung für euch!", sagt Frau Langer.

Oh! Vielleicht gehen wir ins Kino? Ich liebe Kino.
Zuhause haben wir nur einen kleinen Fernseher.
Da ist Kino viel besser. Und Popcorn. Das schmeckt super.
Mit Filmen kann man auch gut Deutsch lernen.
Besser als mit Büchern. Das ist gut für alle Schüler.
Hoffentlich ein Actionfilm!

Doch Frau Langer schreibt nicht „Kino" an die Tafel, sondern „kochen".

Kochen?

Was soll das denn? Ich esse ja gern. Aber kochen?
Das hab ich noch nie gemacht.
Aber einige andere Schüler freuen sich.

Macht ja vielleicht Spaß?
Vielleicht können wir Popcorn machen?
Popcorn machen, ja das finde ich gut! […]

Und wenn schon kein Popcorn, könnten wir ja wenigstens Pommes oder Pizza machen.

Aber nein, wir kochen Ratatouille!
Das habe ich noch nie gehört. Was soll das denn sein?

Frau Langer erklärt es:
„Ratatouille kommt aus Frankreich und heißt so viel wie Reste. Man benutzt die Reste aus der Küche.

In Deutschland nennt man es auch Eintopf, weil man alles in einem Topf kocht."

Also, klingt nicht unbedingt lecker.

Nun verteilt Frau Langer die Aufgaben.
Ich verstecke mich besser hinter Ipek.

Zu spät! Frau Langer zeigt auf Ipek und mich.
Wir sollen zusammen einkaufen gehen.

„Und beeilt euch, damit wir mit dem Kochen beginnen können", sagt Frau Langer.

[…]

[…] Und was ist das hier? Auf dem Schild steht: „Zwetschgen aus Deutschland". Zwetschgen? Was für ein Wort! Mal probieren. Lecker. Sehr süß und saftig. […]

Wo ist Ipek? Ich warte mal hier neben unserem Einkaufswagen. Oh, die Früchte dort vorne sehen interessant aus. „Erdbeeren" steht auf dem Schild. Die muss ich auch mal probieren. Erd wie Erde, unser Planet? Lustiger Name. Gibt es auch außerirdische Beeren?

„Hallo! Ich kümmere mich um die Ordnung und die Sicherheit hier im Supermarkt. Kommst du mal bitte mit in mein Büro?", sagt plötzlich ein Mann, der sich vor mich schiebt.

Er hält eine Karte direkt vor meine Augen.
„Kevin Krause, Security Officer" steht drauf.

Über das Buch „Der Verdacht" von Irene Margil und Andreas Schlüter:
Die Klasse von Frau Langer möchte zusammen kochen. Ayman und Ipek sollen die Zutaten im Supermarkt kaufen. Doch dann verschwindet Ayman plötzlich. Wo ist er? Und was ist passiert?

Wer?   **Wann?**   **Wo?**   **Warum?**   **Was?**

Wer sind die Hauptpersonen im Text?

Die Hauptpersonen sind …

T9 **15** **Meine Zusammenfassung – Lesen: Ergänze.**

genaues • Textknacker-Tipps • überfliegendes • Überblick • W-Fragen • Mindmap • Leseabsicht • suchendes

Aufgabe: Ich soll einen Text lesen und verstehen. So gehe ich vor:

Ich überlege: Wie lautet die Aufgabe zum Text? Mit welcher .... muss ich den Text lesen?

1. Ich muss mir nur einen Überblick über den Text verschaffen: .... Lesen.

2. Ich brauche bestimmte Informationen aus dem Text: .... Lesen.

3. Ich muss den ganzen Text verstehen: .... Lesen.

Wenn ich einen Text genau lesen muss, gehe ich Schritt für Schritt vor:

1. Ich verschaffe mir einen .... über den Text.

2. Ich wende .... an: Ich kläre unbekannte Wörter und finde Nomen und ihre Vertreter.

3. Ich stelle und beantworte .... zum Text.

4. Ich mache eine Übersicht zum Text, z.B. eine ....

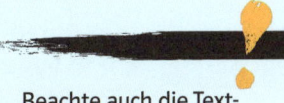

Beachte auch die Textknacker-Tipps in den nächsten Lektionen.

A2 1 ★ Beschrifte die Bilder. Ergänze auch den Artikel.

der Müll

___ie___

r___ ___f

___t-A___

S___ ___g

___ö___

A2 2 ★★ Ergänze die Nomen von Aufgabe 1. Denke an den Akkusativ!

Ayman und Maja sprechen über den Müll _____ , _____ , _____ ,

_____ / _____ / _____ ,

sprechen über + Akk.
der › den

★★★ Über wen oder was hast du heute schon gesprochen? Notiere.

_____

A3 3 ★★ Welches Wort passt? Ordne zu.

> reduzieren • zerstören • wandel • schädlich • vermeiden • produzieren • verzichten

1. Müll ☐☐☐☐z☐☐☐☐ › weniger machen

2. Müll ☐☐☐m☐☐☐☐☐ › nicht machen

3. Müll ☐☐☐☐☐☐☐☐☐☐ › ganz viel machen

4. der Klima☐☐☐☐☐☐ › Veränderung, das Wetter wird anders

5. die Umwelt ☐☐☐r☐☐☐☐☐ › kaputt machen

6. umwelt☐☐☐☐☐☐☐☐ › nicht gut für die Umwelt, das Gegenteil von umweltfreundlich

7. auf Plastiktüten ☐☐☐z☐☐☐☐☐ › nicht nehmen, nicht benutzen

Noch mehr Wortschatz üben?

Frage deine Lehrerin / deinen Lehrer nach den Bild-Wort-Karten zu Lektion 9. Übe.

BILD-WORT-KARTEN

★★★ Sortiere die Wörter nach Wortarten: Nomen, Verb, Adjektiv. Schreibe jeweils einen Beispielsatz ins Heft.

A3 4 ★★ Höre noch einmal. Was ist richtig? Kreuze an. ▶ 27

1. Mit einer Umweltaktion …
   a ☐ zerstört man die Umwelt.
   b ☐ möchte man die Umwelt schützen.

2. Trockenheit und Überschwemmungen sind Zeichen für …
   a ☐ die Jahreszeiten.
   b ☐ den Klimawandel.

3. Erneuerbare Energien sind z.B.
   a ☐ Atomenergie.
   b ☐ Windenergie.

4. Recycling heißt, dass man …
   a ☐ Rohstoffe noch einmal verwendet.
   b ☐ viel Papier verwendet.

A3 5 ★★ **Ergänze wie im Beispiel.**

1. Spätestens seit Fukushima (weiß) (man) : Atomenergie hat

   keine Zukunft. (wissen)

2. Wenn [   ] den Müll in die richtige Tonne (   ),

   dann heißt das Mülltrennung. (werfen)

3. [   ] (   ) Rohstoffe nochmal (   ). (benutzen können)

4. Das (   ) [   ] dann Recycling. (nennen)

5. Aus altem Papier (   ) [   ] zum Beispiel neues Papier. (produzieren)

> Subjekt › *man*
> › Alle können oder sollen das machen.
> › Verbform wie 3. Person Singular (er/sie/es)

A3 6 ★★ **Verbinde. Jedes Verb passt nur einmal. Schreibe Beispielsätze ins Heft.**

1. bei einer Umweltaktion — gewinnen
2. nette Leute — trennen
3. über den Klimawandel — tun
4. Energie — mitmachen
5. den Müll — treffen
6. etwas Gutes für die Umwelt — sprechen

> 1. bei einer Umweltaktion mitmachen ›
>   Ayman macht bei einer Umweltaktion mit.

★★★ **Schreibe eine kurze Geschichte mit den Wörtern.**

> Gestern habe ich bei einer Umweltaktion ...

A4 7 ★ **Was sagt Ayman? Kreuze an. Höre noch einmal zur Kontrolle.** ▶ 28

1. Ich wohne … ☐ in der Stadt. ☐ in einem Dorf. ☐ in der größten Stadt in Deutschland.
2. Es gibt hier … ☐ Straßenbahnen. ☐ Hochhäuser. ☐ Autos.
3. Es gibt da auch … ☐ Wiesen. ☐ einen Fluss. ☐ Parks.
4. Das Wetter ist … ☐ im Sommer oft warm. ☐ immer zu kalt. ☐ im Winter grau.
5. Der Odenwald ist … ☐ in der Nähe. ☐ ein Wald. ☐ eine Landschaft.

A4 8 ★★ **Ergänze die Präposition (und das Artikelwort).**
★★★ **Ergänze ohne Hilfe. Decke den Kasten ab.**

in • ~~in einem~~ • auf • am • in den • im • in der / einer • in meinem • in die

Früher habe ich <u>in einem</u> Dorf gewohnt, aber jetzt wohne ich _____ Stadt,

_____ Frankfurt. Hier gibt es viele Autos und Häuser, aber auch Natur: Parks

und Bäume. Ich gehe _____ Wochenende gern _____ Park. _____ Park

treffe ich meine Freunde. Manchmal gehe ich auch _____ Kletterhalle.

Klettern macht viel Spaß! _____ Dorf gab es keine Kletterhalle, aber wir

sind _____ Bäume geklettert. Das war auch schön.

A4 9 ★★ **Schreibe über dich: Wo wohnst du?**
Was gibt es da? Was machst du oft?
Aufgabe 8 hilft.

> Ich wohne in einer Stadt. Sie heißt ...

Beschrifte die Bilder und ordne die Sätze zu.

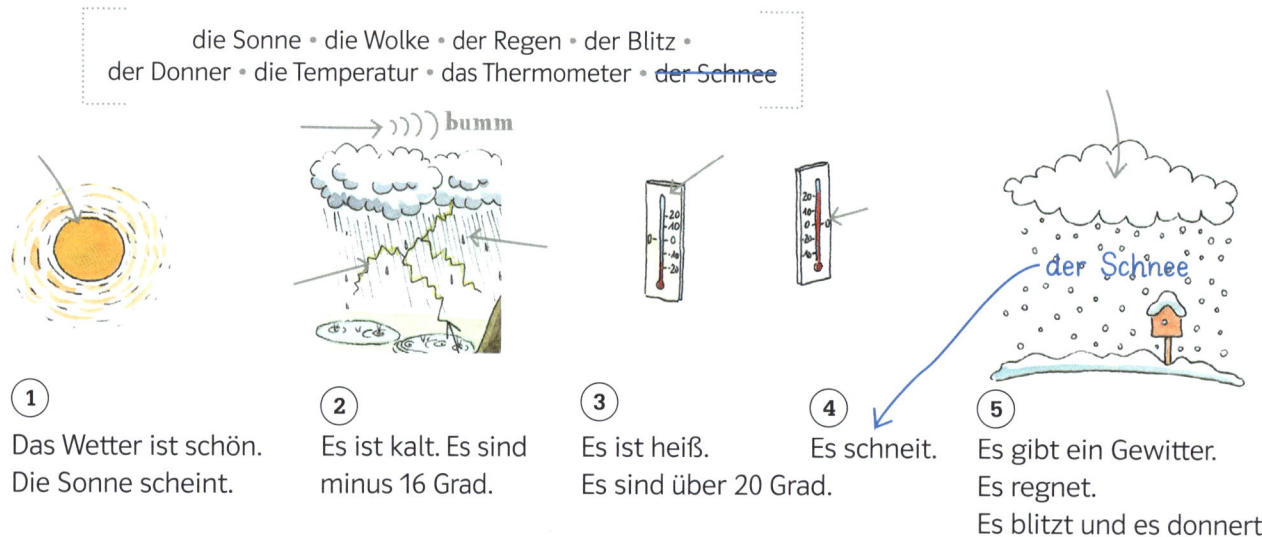

die Sonne • die Wolke • der Regen • der Blitz •
der Donner • die Temperatur • das Thermometer • der Schnee

1
Das Wetter ist schön.
Die Sonne scheint.

2
Es ist kalt. Es sind
minus 16 Grad.

3
Es ist heiß.
Es sind über 20 Grad.

4
Es schneit.

5
Es gibt ein Gewitter.
Es regnet.
Es blitzt und es donnert.

★★★ **Wie ist das Wetter heute? Schreibe ins Heft.**

★★ **[„es"] Sortiere die Sätze im Heft. Markiere wie im Beispiel.**

Lara hat ein neues Fahrrad. Es ist grün. • Es regnet. • Es tut mir leid. •
Ich wohne im Haus Nummer 54. Es ist sehr schön. • Heute ist es kalt. •
Es ist schon spät, schon 23 Uhr! • Wem gehört das Buch? – Es gehört mir. •
Gestern hat es geschneit. • Siehst du das Auto? Es gefällt mir gut. •
Was ist mit deinem Heft passiert? Es ist ja ganz schmutzig! •
Heute gibt es viele Wolken am Himmel. •
Geht es dir besser? – Ja, es geht wieder.

es
› *es* kann ein Nomen mit
dem Artikel *das* ersetzen.

› Manche Verben brauchen
es als Subjekt, z.B.:
Es regnet. / Es schneit. / …
Es gibt … / Es tut mir leid.

„es" als Pronomen	unpersönliches „es"
Lara hat ein neues Fahrrad. Es ist grün.	Es regnet.

★★★ **Kennst du noch andere Beispiele für das unpersönliche „es"?**
Ergänze deine Tabelle im Heft.

Wie viel ist das? Ordne zu. Zeichne und schreibe dann noch einmal ins Heft.

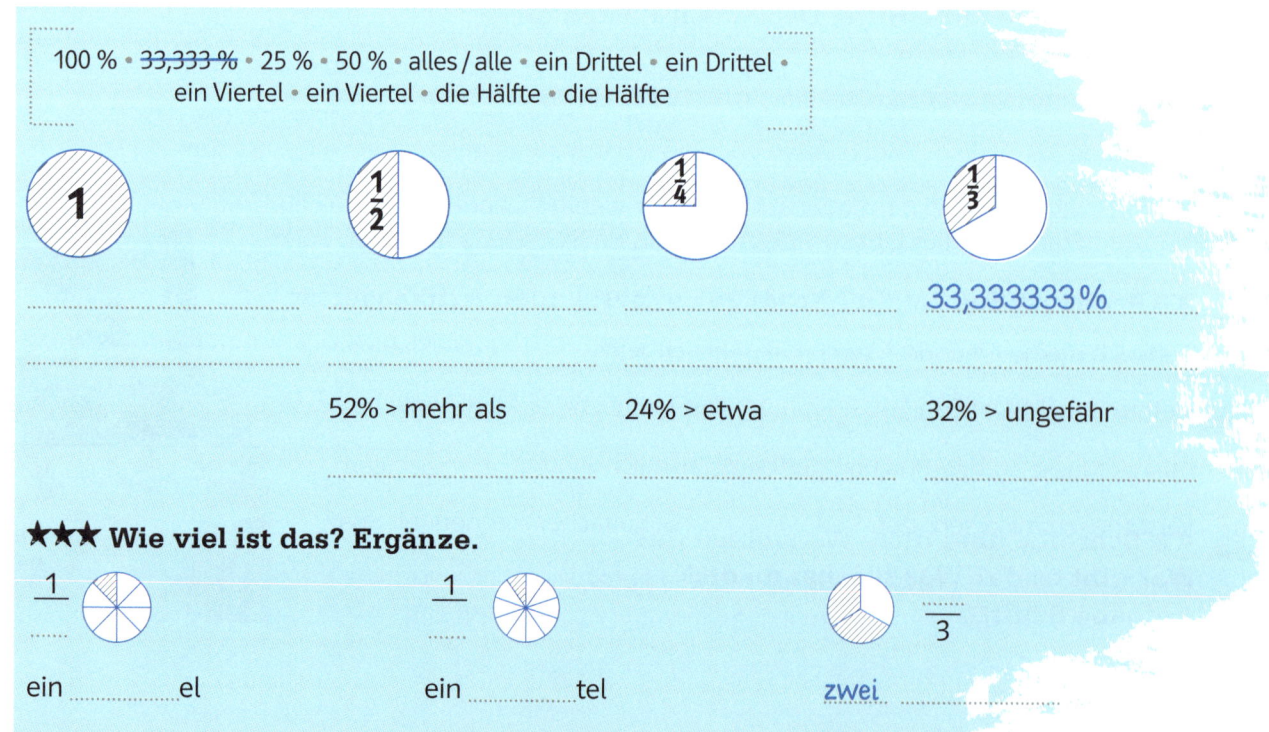

100 % • 33,333 % • 25 % • 50 % • alles / alle • ein Drittel • ein Drittel •
ein Viertel • ein Viertel • die Hälfte • die Hälfte

33,333333 %

52% > mehr als   24% > etwa   32% > ungefähr

★★★ **Wie viel ist das? Ergänze.**

ein _____ el   ein _____ tel   zwei _____

A6 13 ★ **Ergänze die Prozentzahl. Suche in Aufgabe A6 im Schülerbuch auf S. 39.**

67 % trennen den Müll. _____ laufen oder fahren Fahrrad. _____ machen das Licht und ihre Elektrogeräte richtig aus. _____ nehmen keine Plastiktüten. _____ sparen Wasser. Aber nur _____ machen bei Umweltaktionen oder Umweltprojekten mit.

A6 14 ★★ **Was ist richtig? Kreuze an. Schreibe die Sätze dann richtig ins Heft.**

67 % trennen Müll, das ist ☐ die Mehrheit ☐ die Hälfte der Befragten.

67 % trennen Müll, das sind ☐ etwa zwei Drittel ☐ die Hälfte der Befragten.

52 %, also ☐ etwas mehr als die Hälfte ☐ etwas weniger als die Hälfte der Befragten, sparen Strom.

44 %, also etwas ☐ weniger als die Hälfte ☐ mehr als die Hälfte der Befragten laufen viel.

☐ Etwa ein Drittel, ☐ Mehr als ein Drittel, nämlich 32 % der befragten Schüler, vermeidet Müll.

24 %, das sind ☐ ungefähr ein Viertel, ☐ über ein Viertel, sparen Wasser.

☐ Manche ☐ Alle befragten Schüler (19 %) nehmen im Supermarkt keine neue Plastiktüte.

☐ Viele ☐ Nur wenige der befragten Schüler (8 %) machen bei Umweltaktionen mit.

A6 15 ★★ **Unterstreiche das Artikelwort und markiere die Endungen.**

In Frau Langers Klasse sind viele Schüler.

Alle Schüler müssen Deutsch lernen.

Für manche Schüler ist Deutsch sehr schwer.

Ich kenne einige Schüler schon gut.

Mit wenigen Schülern verstehe ich mich nicht so gut.

Indefinitartikel
› *alle, viele, einige, manche, wenige*
Sie begleiten Nomen im Plural. Sie haben im Nominativ und Akkusativ die Endung *-e* und im Dativ die Endung *-en*.

A6 16 ★★ **Ergänze die Endungen der Artikelwörter.**

1. Manche Menschen trennen den Müll nicht. In manch____ Ländern gibt es eine Mülltonne für alles.

2. Gestern habe ich viel____ Zeitungen in die Papiertonne geworfen. In viel____ Papiertonnen liegt oft auch Restmüll. Das gefällt viel____ Menschen in unserem Haus nicht.

3. Ich habe mit einig____ Mitschülern über die Mülltrennung gesprochen. All____ trennen den Müll. Einig____ arbeiten bei der Umwelt-AG mit. Nur wenig____ finden Umweltschutz nicht wichtig.

A6 17 ★★★ **Wie ist das bei dir? Ergänze die passenden Artikelwörter.**

Ich bin schon seit einigen Wochen in meiner Klasse. _____ Schülerinnen und Schüler lernen fleißig und _____ Schüler in meiner Klasse sprechen schon gut Deutsch. Mit _____ Schülern verstehe ich mich sehr gut. _____ Schulfächer machen mir Spaß, aber _____ Fächer mag ich nicht so gern.

B1 18 ★★ **Höre noch einmal. Was ist richtig? Kreuze an.** ▶ 29

1. Warum hat Maja die Umwelt-AG gegründet?
   a ☐ Weil sie viel über Umweltschutz sprechen möchte.
   b ☐ Weil sie viel für den Umweltschutz tun möchte.

2. Wer hat mit dem Projekt „Solaranlage" begonnen?
   a ☐ Zehn Klassen in der Schule.
   b ☐ Die 10. Klassen in Physik.

3. Wie kann man der AG helfen?
   a ☐ Man soll den Müll in die richtige Tonne werfen.
   b ☐ Man soll den Fachraum Biologie aufräumen.

B1 19 ★★★ **Höre noch einmal und notiere die Antworten im Heft.** ▶ 29

1. Wie heißt Maja mit Nachnamen?
2. Wann hat Maja die Umwelt-AG gegründet?
3. Mit wem hat Maja die Umwelt-AG gegründet?
4. Was will die Umwelt-AG zeigen?
5. Wo und wann trifft sich die Umwelt-AG?

B2 20 ★ **[Wenn ..., dann ...] Markiere die Verben. Ergänze dann den Merkkasten.**

2 • H̶a̶u̶p̶t̶s̶a̶t̶z̶ • Nebensatz • Ende

Nebensatz   Hauptsatz

1. Wenn ich Durst (habe), dann (trinke) ich Wasser.

2. Wenn die Pause zu Ende ist, dann gehen wir ins Klassenzimmer.

3. Wenn Linh im Unterricht etwas sagen möchte, dann meldet sie sich.

Der *wenn*-Satz ist ein _____, das Verb steht am _____.

Der *dann*-Satz ist ein *Hauptsatz*, das Verb steht auf Position _____.

B2 21 ★★ **Was passiert dann? Ordne zu.**
Schreibe „wenn-dann"-Sätze im Satzmodell ins Heft.

1. Ayman hat Hunger. —————— Er isst ein Brot.
2. Ich bin krank.   Wir sind sehr fit.
3. Anna lernt viel.   Ich gehe nicht in die Schule.
4. Wir machen viel Sport.   Sie schreibt einen guten Test.

1. Wenn (Ayman) Hunger (hat), dann (isst) (er) ein Brot.

wenn-Satz › die Bedingung
dann-Satz › die Folge
(Was passiert dann?)

Denke an das Komma
zwischen den Sätzen!

B2 22 ★★★ **Ergänze die vier Sätze. Schreibe sie im Satzmodell ins Heft.**

1. Wenn ich neue Wörter lerne, ...
2. Wenn gleich Pause ist, ...
3. ..., dann bin ich sehr froh.
4. ..., dann schlage ich im Wörterbuch nach.

B3 23 Welches Verb passt? Ordne zu und schreibe mit jedem Verb einen Satz ins Heft.

abwaschen • baden • benutzen • duschen • zudrehen • spülen • waschen

Geschirr von Hand

<u>abwaschen</u>

in der Spülmaschine

Geschirr _____

in der Waschmaschine

Wäsche _____

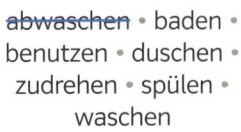

in der Badewanne

_____

die Toilettenspülung

_____

den Wasserhahn

auf- / _____

in der Dusche

_____

1. Man wäscht Geschirr von Hand ab.

B3 24 ★★ Was denkst du: Was (ver)braucht am meisten Wasser?
Nummeriere von 1 (am meisten) bis 4 (am wenigsten).

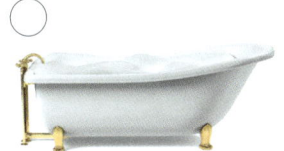   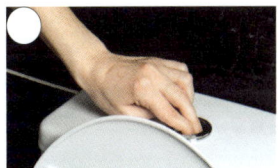

eine volle Badewanne

die Herstellung von einem T-Shirt

die Herstellung von 1 kg Fleisch

5- bis 6-mal spülen

B3 25 ★★ Suche die Informationen im Text. Schreibe Randnotizen.

In Deutschland verbraucht man pro Person und Tag ca. 125 Liter Wasser. 2003 waren es noch 131 Liter, 1990 147 Liter. Man braucht Wasser zum Trinken und Kochen (ca. 5 Liter pro Tag), für die tägliche Körperpflege (Händewaschen, duschen, Zähneputzen, …) ca. 30 bis 40 Liter. Sehr viel Wasser spült man die <u>Toilette</u> herunter: <u>Pro Person und Tag sind es ungefähr 50 Liter</u>. Am meisten Wasser braucht ein Vollbad (ca. 150 Liter). Wenn man aber genau rechnet, dann sind es noch viel mehr als 125 Liter pro Tag und Person. Es gibt auch sogenanntes „virtuelles Wasser". Das ist Wasser, das die Industrie verbraucht. Für jedes Produkt, jedes Kleidungsstück, jedes Nahrungsmittel, jedes Heft oder Auto braucht man bei der Herstellung Wasser. Eine Kuh zum Beispiel muss trinken, sie frisst Gras, das Gras braucht Wasser. Ein Kilo Rindfleisch enthält so ca. 16.000 Liter „virtuelles Wasser", ein T-Shirt 2.700 Liter und ein Auto 400.000 Liter. Wenn man dieses „virtuelle Wasser" also mitrechnet, dann verbraucht jeder Deutsche pro Tag rund 4.000 bis 5.000 Liter Wasser. Unglaublich!

*Toilette
ca. 50 l/Tag/Pers*

★★★ Ergänze die Notizen.
– Wasserverbrauch (Haushalt) pro Person/Tag in Deutschland: heute › _____, 1990 noch _____,
  viel für _____ und _____
– am meisten Wasser nicht im Haus, sondern _____
– Wasser für die Herstellung von Produkten heißt „_____"

Hauptsatz (HS) oder Nebensatz (NS)?
Markiere wie im Beispiel.

HS   HS

Ich putze die Zähne. Ich drehe den Hahn zu.

Wenn ich die Zähne putze, dann drehe ich den Hahn zu.

Wenn ich die Zähne putze, drehe ich den Hahn zu.

Ich drehe den Hahn zu, wenn ich die Zähne putze.

Du kannst *dann* im HS weglassen.

Der *wenn*-Satz kann auch nach dem HS stehen.

★★ **Schreibe die Sätze wie in Aufgabe 26.**

1. Wir haben Pause. Wir gehen auf den Schulhof.

_____ , dann _____

Wenn _____ , _____ wir auf den Schulhof.

Wir _____ auf den Schulhof , wenn _____

Schreibe im Heft weiter.

2. Ich habe Müll. Ich werfe den Müll in den Mülleimer.
3. Ayman hat eine Frage zum Umweltschutz. Er fragt Maja.
4. Ich vermeide Müll. Ich schütze die Umwelt.

★★★ **Ordne Bedingung und Folge zu. Schreibe je vier Sätze wie in Aufgabe 26 ins Heft.**

Du kannst nicht am Sportunterricht teilnehmen.

Der Schulkiosk ist geschlossen.

Werft ihn in die richtigen Mülleimer.

Wir kommen zu spät in den Biounterricht.

Ihr werft Müll weg.

Man kann nichts kaufen.

Wir machen mit. Wir müssen uns entschuldigen.

Die Umwelt-AG macht gute Projekte.

Du hast die Sportsachen vergessen.

Ergänze die Wörter und den Artikel.

der Schüler   die Schüler_____   _____ AG   _____ Mülleimer   _____ Müll

_____ Mäd_____   _____ Junge   _____ Verpack_____

★ [Demonstrativartikel] **Ergänze den Demonstrativartikel.**

_____ Junge ist neu in der Umwelt-AG.

_____ Mädchen hat die Umwelt-AG gegründet.

_____ Schülerin heißt Lotta.

_____ Schüler machen alle bei der Umwelt-AG mit.

Demonstrativartikel
Nominativ
M der › dieser
N das › dieses
F die › diese
Pl. die › diese

B6 31 ★★ **Beschreibe die Bilder: Ergänze den Demonstrativartikel.**
★ **Unterstreiche zuerst die Nomen: M, N, F, Pl.**

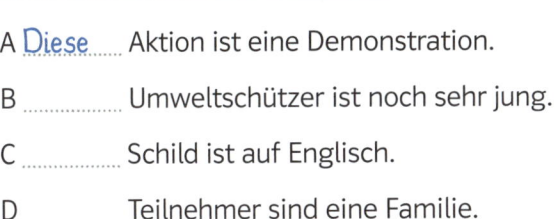

A Diese Aktion ist eine Demonstration.

B .... Umweltschützer ist noch sehr jung.

C .... Schild ist auf Englisch.

D .... Teilnehmer sind eine Familie.

E .... Umweltschützer sind Jugendliche.

F .... Mädchen trägt pinke Handschuhe.

G .... Umweltschützer trägt blaue Handschuhe.

H .... Aktion ist eine Müllsammelaktion.

B6 32 ★★ **Ergänze die Demonstrativartikel.**
★★★ **Löse ohne Hilfe. Decke den Kasten ab.**

diese • diese • diese • diesen • diesen • dieses

▶ Über welches Projekt haben Maja und Ayman gesprochen?

◁ Über .... Müllprojekt, ... Aktion auf dem Schulhof.

▶ Welchen Schulhof meinst du?

◁ Ich meine .... Schulhof hinter der Schule. Beim Schulgarten, mit den Tonnen.

▶ Ach so, du meinst .... Hof. Und welche Tonnen?

◁ .... großen Mülltonnen für die Mülltrennung! Hörst du nie zu?

▶ Doch! Ich werfe meinen Müll jetzt immer in .... neuen Mülltonnen.

Frage: *Welch…?*
Antwort oft: *Dies…*

Die Endungen dieser Artikelwörter sind wie beim bestimmten Artikel. Achte auf den Kasus!

Akkusativ
M d**en** › dies**en**
N da**s** › dies**es**
F di**e** › dies**e**
Pl. di**e** › dies**e**

B6 33 ★★ **Ergänze zuerst den Merkkasten, dann die Endungen.**
★ **Unterstreiche die Nomen: M, N, F, Pl.**

1. Auf dies**em** Schild steht „There is no Planet B".

2. Mit dies........ Umweltschützerin möchte ich gern sprechen.

3. Dies........ Jugendlichen möchte ich gern helfen.

4. Dies........ Umweltschützer ist kalt. Er hat eine dicke Jacke an.

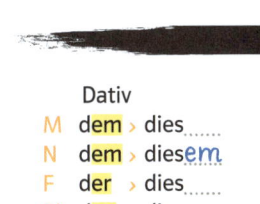

Dativ
M d**em** › dies........
N d**em** › dies**em**
F d**er** › dies........
Pl. d**en** › dies........

B6 34 ★★★ **Ergänze die Endung. Achte auf den Kasus.**

Auf dies**er** Demonstration sind auch viele Kinder. Neben dies........ Mädchen mit dem Schild steht ein kleiner Junge. Dies........ Kind ist kalt, denn es trägt eine dicke Jacke. Auf dies........ Foto sieht man auch grüne Fahnen. Aber man kann nicht lesen, was auf dies........ Fahnen steht.

In dies........ blauen Mülltüte ist noch nicht so viel Müll. Bei dies........ Projekt machen nur wenige Schüler mit. Vielleicht stehen hinter dies........ Schüler aber noch andere Schüler.

B8 35 [Aussprache] **Melodie und Satzakzente I** ▶ 32

GRUPPE
- **Hört zu und sprecht leise mit. Achtet auf die Melodie.**
- **Hört noch einmal. Zeigt die Melodie mit der Hand:
  Welche Sätze gehen noch weiter? Welche Sätze sind zu Ende?**

B8 36 [Aussprache] **Melodie und Satzakzente II** ▶ 33

GRUPPE
- **Hört mehrmals. Ergänzt fehlende Satzteile, Satzzeichen und Pfeile wie im Beispiel.**
- **Hört noch einmal. Markiert dann die Satzakzente wie im Beispiel.**
- **Lest die Sätze vor. Achtet auf die Satzakzente und die Melodie.**

1. Ich fahre Rad → oder gehe zu Fuß. ↘

2. Ich spare Strom

3. Ich dusche

4. Ich trenne Müll

5. Ich werfe keine Lebensmittel weg

6. Ich verzichte auf Plastiktüten

7. Ich arbeite bei einem Projekt mit

8. Ich drehe beim Zähneputzen den Wasserhahn zu

B8 37 [Aussprache] **Wann fällt die Melodie? Kreuze an.**

Die Melodie fällt ↘, ☐ wenn der Satz zu Ende ist.
☐ wenn der Satz noch nicht zu Ende ist.

B9 38 [Aussprache] **Begeistert sprechen!** ▶ 34

GRUPPE
- **Hört mehrmals. Summt und sprecht mit.**
- **Jeder spricht einen Satz. Sprecht sehr begeistert (mit Mimik und Gestik).**

PARTNER
- **Spielt: Einer sagt einen Satz von Aufgabe 36 der andere reagiert sehr begeistert mit einem Satz.**

hm hm **HM!**↘   Das ist **gut!**↘   Das ist **toll!**↘   Das ist **cool!**↘   Das ist **krass!**↘

hm hm **HM** hm!↘   Das ist **su**per!↘   Das ist **pri**ma!↘   Das ist **klas**se!↘

hm hm **HM** hm hm!↘   Das ist **wun**derbar!↘

hm hm hm hm **HM** hm!↘   Das ist ja un**glaub**lich!↘

B10 39 [Aussprache] **Im Rhythmus: Sprecht und klopft mit.
Bewegt euch dazu.** ▶ 35

GRUPPE

Das ist **gut**! Das ist **toll**! Das ist **cool**!

Das ist **su**per! Das ist **pri**ma!

Das ist **toll**! Das ist **cool**! Das ist **krass**!

Das ist **pri**ma! Das ist **klas**se!

Das ist **wun**derbar! Das ist ja un**glaub**lich! …

C2 40 ★★ Wer macht das? Ordne zu.
★ Markiere die Verben in den Sätzen.

Umweltschützer — werfen den Müll in den Mülleimer.

Die Schüler — holt den Müll mit dem Müllwagen ab.

Fabriken — gewinnt Rohstoffe aus dem Müll.

Eine Recyclinganlage — produzieren neue Produkte.

Die Müllabfuhr — kaufen gern Recyclingprodukte.

> Im Aktiv-Satz ist wichtig: Wer macht was?

C2 41 ★★ Ergänze das Partizip II.
★★★ Decke den Kasten ab.

> geworfen • gekauft • abgeholt •
> gewonnen • produziert

Infinitiv	›	Partizip II
werfen	›	geworfen
abholen	›	....
gewinnen	›	....
produzieren	›	....
kaufen	›	....

C2 42 ★★ [Passiv] Schreibe die Sätze von Aufgabe 40 im Passiv. Markiere wie im Beispiel.

1. Der Müll wird in den Mülleimer geworfen.

2. Der Müll wird mit dem Müllwagen ....

3. Rohstoffe werden aus dem Müll ....

4. Neue Produkte werden ....

5. Recyclingprodukte werden gern ....

> Im Passiv-Satz ist wichtig: Was wird gemacht?
>
> Passiv:
> werden + Partizip II

C2 43 ★★ Markiere alle Verben im Text. Unterstreiche die Sätze im Passiv.
★ Schreibe die Passiv-Sätze dann ins Heft.

Kleidung aus Plastikflaschen?

Was passiert mit leeren Plastikflaschen? Manche werden im Geschäft zurückgegeben. Das sind die „Mehrweg-Flaschen". Sie werden gewaschen und wieder gefüllt. Das kann man bis zu 25-mal wiederholen. Andere Plastikflaschen benutzt man nur einmal, dann wirft man sie in den Plastikmüll. Was wird dann mit ihnen gemacht? Plastikflaschen bestehen aus dem Kunststoff Poly-Ethylen-Terephthalat (PET). Aus diesem Kunststoff kann auch Kleidung produziert werden. Zum Beispiel warme Fleecejacken oder Pullover, oft auch Rucksäcke oder Taschen. Man braucht ungefähr 16 Plastikflaschen für eine Jacke. Richtig umweltfreundlich ist das aber nicht: Diese Kleidung wird oft in Asien produziert. Der Transport von Plastikgranulat nach Asien und von neuer Kleidung nach Europa verbraucht Energie und verschmutzt die Umwelt.

★ **Was wird in der Schule gemacht? Verbinde. Schreibe die Sätze dann ins Heft.**

Hausaufgaben		korrigiert.
Ein Test	**wird**	geschrieben.
Die Grammatik	**werden**	erklärt.
Lieder		gesungen.
Ein Text		gelesen.

★★ „wird" oder „werden"? Ergänze.

1. Das Schulbrot _____ gegessen. Die Schulbrote _____ oft in der Pause gegessen.

2. Die Hausaufgaben _____ nicht in der Pause gemacht.

3. Neue Wörter _____ ins Wörterheft geschrieben.

4. Der Deutschtest _____ von Frau Langer korrigiert.

5. Die Mathetests _____ von Frau Zimmermann korrigiert.

★★★ **Schreibe im Heft weiter.**

6. Bücher …   7. Die Cafeteria …   8. Wechselkärtchen …   9. Das Wörterheft …   10. …

Verben: Schreibe den Infinitiv und das Partizip II ins Heft.

| Dosen pressen | Metall und Blech schmelzen | Papier / Karton zerkleinern | zu Brei verarbeiten |

~~zerkleinert~~ · getrennt · gewaschen · gewonnen · geschmolzen · sortiert · gepresst · verarbeitet

Infinitiv	Partizip II
zerkleinern	zerkleinert

★ **Wie wird die Suppe gemacht? Schreibe Sätze im Passiv ins Heft.**

Rezept für Bio-Gemüse-Suppe

Zutaten: 1kg frisches Biogemüse (Zwiebeln, Kartoffeln, Karotten,

1. Das Gemüse wird …

1. das Gemüse waschen
2. das Gemüse klein schneiden
3. alle Zutaten in einen Topf geben
4. die Suppe 20 Minuten kochen
5. die Suppe mit Freunden essen

★★ **Was passiert zuerst, was dann? Schreibe Sätze im Passiv.**

1. Hefte aus Altpapier produzieren, sie kaufen
2. viel schreiben auf Recyclingpapier, es wieder in die Altpapiertonne werfen
3. Papiermüll abholen, Müll zur Recyclingfabrik bringen, neue Produkte aus Altpapier herstellen

1. Zuerst werden Hefte aus Altpapier produziert, dann …

C3 49 ★★★ Schreibe „Anweisungen" im Passiv ins Heft.

> Hier nicht rennen!

> Nicht im Unterricht essen!

> Mitschüler nicht auslachen!

> In der Pause keine Hausaufgaben machen!

> Jetzt nicht reden!

Mit dem Passiv können auch Anweisungen geben werden.

› Hier wird nicht gerannt!

C3 50 ★★ Von wem wird Ayman gerufen? Ordne die Sätze zu.

wird gerufen • wird von Maja gerufen

> Ayman!

> Wer ruft mich? Egal, ist nicht wichtig.

> Oh, Maja ruft mich. Das ist wichtig!!

> Ayman!

Wer macht das?
› von + Dativ

Die Aufgabe wird kontrolliert.
› Die Aufgabe wird *von der Lehrerin* kontrolliert.

Ayman ....

Ayman ....

C3 51 ★★ Schreibe die Sätze im Passiv ins Heft. Ergänze: Wer macht das?

1. ein neues Projekt durchführen / die Umwelt-AG
2. das Projekt unterstützen / der Hausmeister
3. den Müll jede Woche abholen / die Müllabfuhr
4. viel Wasser verbrauchen / die Industrie

1. Ein neues Projekt wird von der Umwelt–AG durchgeführt.

★★★ Schreibe die Sätze von Aufgabe 44 noch einmal. Ergänze: Wer macht das?

C4 52 Was weißt du über <u>Maja</u> und <u>Ayman</u>: Unterstreiche in zwei Farben.

<u>hat blonde Haare</u> • hat braune Haare •
kommt aus dem Irak •
macht bei der Umwelt-AG mit •
kommt aus Deutschland •
ist in der 9. Klasse •
ist in Frau Langers Klasse • ist verliebt

C5 53 ★★ [Relativsätze] Ergänze die Informationen von Aufgabe 52. Markiere die Verben.

Ayman (ist) der Schüler, der braune Haare (hat), der ....

....

....

Maja ist die Schülerin, die blonde Haare hat, die ....

....

★★★ Beschreibe eine Schülerin und einen Schüler aus deiner Klasse mit Relativsätzen. Schreibe ins Heft.

★ **Relativsätze im Nominativ: Ergänze das Relativpronomen. Markiere wie im Beispiel.**

1. Marco heißt der Junge, der neben mir sitzt.

2. Anna heißt das Mädchen, ... vor mir sitzt.

3. Die Freundin, ... mir bei den Hausaufgaben hilft, ist sehr nett.

4. Die Mitschüler, ... den Müll trennen, helfen dem Hausmeister.

Formen:
Relativpronomen ›
bestimmter Artikel

★★ **Ergänze Informationen: Schreibe Relativsätze ins Heft.**
★ **Markiere zuerst wie im Beispiel.**

1. Der Junge heißt Ayman.   Der Junge / wirft die Bananenschale weg /.

2. Das Mädchen heißt Maja.   Das Mädchen (spricht) mit Ayman.

3. Die Lehrerin kann gut erklären.   Die Lehrerin unterrichtet Deutsch.

4. Die beiden Lehrer sind sehr nett.   Die Lehrer unterrichten Biologie.

Relativsätze sind Nebensätze, das Verb steht am Ende.

1. Der Junge, (der) die Bananenschale (wegwirft), heißt Ayman.

★★★ **Schreibe eine Antwort mit Relativsatz in dein Heft.**

1. Was ist eine Umweltschützerin?   4. Was ist ein Pausenbrot?
2. Was ist eine Plastiktüte?   5. Was sind Schulkinder?
3. Was ist ein Schulgarten?   6. Was sind Autofahrer?

1. Eine Umweltschützerin ist eine Frau, die die Umwelt schützt.

★★ **Welcher Artikel ist richtig? Kreuze an. Ergänze den Kasus.**
★ **Schreibe die Sätze richtig ins Heft.**

Nominativ › Nom.
Akkusativ › Akk.
Dativ › Dat.

1. Das ist ☐ der ☐ den Mülleimer für Biomüll.   ist + Nom.

2. Wir werfen ☐ der ☐ den Biomüll   werfen + ... /

   in ☐ der ☐ den braunen Mülleimer.   in (wohin?) + ...

3. Maja trägt ☐ das ☐ dem T-Shirt. ☐ Das ☐ Dem T-Shirt ist weiß.   tragen + ...

4. Vögel sitzen auf ☐ die ☐ der Pflanze im Schulgarten.   sitzen auf (wo?) + ...

5. Wir verzichten heute auf ☐ das ☐ dem Auto und laufen.   verzichten auf + ...

6. Wir mögen ☐ der ☐ den Biolehrer.   mögen + ...

★ **Relativsätze im Akkusativ: Ergänze den Artikel und das Relativpronomen.**

1. Wir werfen Papier in den grünen Eimer. › Der Eimer, in .... wir Papier werfen, ist grün.

2. Ayman isst .... Pausenbrot von Maja. › Das Brot, ... er isst, schmeckt ihm sehr gut.

3. Ein Vogel fliegt auf .... Pflanze im Garten.

   › Die Pflanze, auf .... der Vogel fliegt, ist ein Apfelbaum.

4. Viele Kunden verzichten auf .... Plastiktüten im Supermarkt.

   › Die Tüten, auf .... die Kunden verzichten, sind schlecht für die Umwelt.

C7 59 ★★ **Verbinde. Schreibe die Sätze dann ins Heft.**

1. Unser Biolehrer	in die der Restmüll kommt	macht interessanten Unterricht.
2. Das weiße T-Shirt	den wir sehr mögen	ist aus Bio-Baumwolle gemacht.
3. Die Mülltonne ,	den du dort siehst	, ist voll.
4. Der Junge	die wir für das Projekt brauchen	heißt Ayman und kommt aus dem Irak.
5. Die Informationen	das Maja trägt	bekommen wir im Unterricht.

★★★ **Schreibe weitere Sätze ins Heft.**

6. Material, in Bio brauchen, …   7. Grammatik, in Deutsch lernen, …

8. Schüler, gestern krank waren, …

C7 60 ★★ **Relativpronomen im Dativ: Ergänze das Relativpronomen.**

dem • dem • dem • dem • dem • der • der • denen

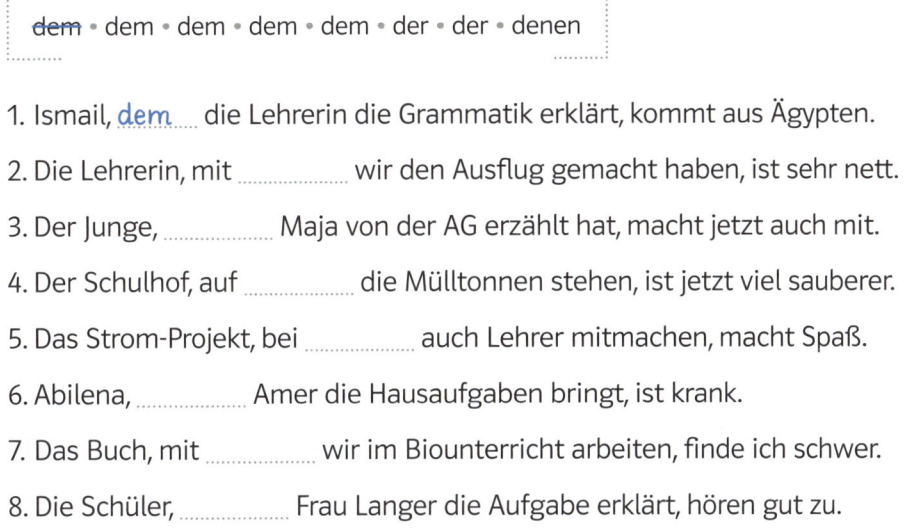

❗ Plural › denen

1. Ismail, _dem_ die Lehrerin die Grammatik erklärt, kommt aus Ägypten.

2. Die Lehrerin, mit _____ wir den Ausflug gemacht haben, ist sehr nett.

3. Der Junge, _____ Maja von der AG erzählt hat, macht jetzt auch mit.

4. Der Schulhof, auf _____ die Mülltonnen stehen, ist jetzt viel sauberer.

5. Das Strom-Projekt, bei _____ auch Lehrer mitmachen, macht Spaß.

6. Abilena, _____ Amer die Hausaufgaben bringt, ist krank.

7. Das Buch, mit _____ wir im Biounterricht arbeiten, finde ich schwer.

8. Die Schüler, _____ Frau Langer die Aufgabe erklärt, hören gut zu.

C7 61 ★★★ **Verbinde die Sätze. Schreibe dann mit Relativsätzen ins Heft.**

1. Das ist die Umweltschützerin.	Bei ihr mache ich gern mit.
2. Da ist endlich der Bus.	Mit ihr habe ich gestern gesprochen.
3. Der Zoo hat mir gut gefallen.	Auf sie kann ich mich immer verlassen.
4. Das ist das Umweltschutz-Projekt.	In ihn sind wir am Wochenende gegangen.
5. Das sind meine Freunde.	Über das haben wir letzte Woche viel gelernt.
6. Das ist die AG.	Auf ihn warte ich schon lange.

1. Das ist die Umweltschützerin, mit der ich gestern gesprochen habe.

C8 62 **Ergänze die Fragen. Notiere deine Antwort.**

1. Wie heißt die Schule, in _____ du jeden Tag gehst? _____

2. Wie heißt der Lehrer, _____ wir in _____ haben? _____

3. Das Zimmer, in _____ wir Deutsch haben, hat die Nummer 34, oder? _____

4. Wie heißt das Buch, _____ wir in Deutsch benutzen? _____

5. Welche Farbe haben die Hefte, _____ wir für Mathe kaufen sollen? _____

6. Welche Farbe haben die Bücher, _____ wir in Deutsch benutzen? _____

9D Mitmachen und berichten

D1 63 ★★★ Ordne die Verben zu. Schreibe mit jedem Beispiel einen Satz ins Heft.

erhalten • durchführen • einsetzen • verdienen • anbauen • machen • bilden

1. eine Auszeichnung e r h a l t e n   5. Geld ....

2. ein Projekt ....   6. Gemüse ....

3. Teams ....   7. Experimente ....

4. sich für Umweltschutz ....

> 1. eine Auszeichnung erhalten › Die Goetheschule erhält eine Auszeichnung.

D2 64 ★ Textknacker-Tipp 2: Nomen und ihre Vertreter.
Überlege: Für welches Nomen stehen diese Personalpronomen?

Wir haben es wieder geschafft: Zum dritten Mal erhält unsere Schule die Auszeichnung „UmweltSchule". „UmweltSchulen" sind Schulen, die sich besonders für den Umweltschutz und die ökologische Bildung einsetzen. Und natürlich ist uns das auch an der Goetheschule sehr wichtig. Wir führen hier seit vielen Jahren Projekte durch, …

Wer ist „Wir" und „uns"?
☐ die Lehrer   ☐ die Schüler (und Lehrer) an der Goetheschule   ☐ die Goetheschule

D2 65 ★ Für welches Nomen stehen diese Personalpronomen? Notiere wie im Beispiel.

Lehrer und
Schüler
→ sie

Eine Energieexpertin von der Stadt klärte **Lehrer und Schüler** über Energiefresser auf. Sie bildeten Energiespar-Teams (E-Teams), die den Energie- und Wasserverbrauch der Schule kontrollierten.

In den folgenden Monaten entwickelten die Schüler ein umfassendes **Energiespar-Programm**. Es wird noch heute durchgeführt und die Schule spart Jahr für Jahr viel Energie. Sie verdient sogar Geld mit ihm:

Die Solaranlage, die seit 2012 auf dem Dach der Sporthalle steht, produziert an Sommertagen den Strom für die ganze Schule – und einen **Überschuss**. Er wird an die Stadtwerke verkauft. Mit diesem Geld werden dann nachhaltige Projekte unterstützt. (…)

Neben anderen Aktivitäten fand dieses Jahr auch eine **Handy-Sammelaktion** statt. Sie war sehr erfolgreich, denn die Schüler sammelten in 5 Wochen 7,5 kg Althandys. Also **Handys**, die keiner mehr benutzt, in denen aber viele Rohstoffe stecken. Sie werden in speziellen Sammelstellen abgegeben und wiederverwertet.

D2 66 ★ Tipp 3: Zusammenhänge finden. Was gehört zusammen? Zeichne einen Pfeil.

Wir haben es wieder geschafft: Zum dritten Mal erhält unsere Schule die Auszeichnung „UmweltSchule". „UmweltSchulen" sind Schulen, die sich besonders für den Umweltschutz und die ökologische Bildung einsetzen. Und natürlich ist uns das auch an der Goetheschule sehr wichtig.
Die Schüler hier führen seit vielen Jahren Projekte durch, die dann Teil des Schulalltags werden.

D2 · 67 · ★ Tipp 4: Relativsätze auflösen. Welches Nomen wird mit dem Relativsatz erklärt? Die Relativsätze sind unterstrichen. Markiere wie im Beispiel.

„UmweltSchulen" sind Schulen, die sich besonders für den Umweltschutz und die ökologische Bildung einsetzen. (…)

Die Schüler hier führen seit vielen Jahren Projekte durch, die dann Teil des Schulalltags werden.
Angefangen hat es 2003 mit einem Projekt, das die Schüler im Physikunterricht durchführten: (…)

Sie bildeten Energiespar-Teams (E-Teams), die den Energie- und Wasserverbrauch der Schule kontrollierten. (…)
Die Solaranlage, die seit 2012 auf dem Dach der Sporthalle steht, produziert an Sommertagen den Strom für die ganze Schule (…)

Zum Beispiel der Schulgarten, in dem Kräuter und Gemüse angebaut werden. Von diesem Projekt haben alle etwas: die Schüler, die sich um den Garten kümmern und viel lernen, die Koch-AG, die mit den Produkten kocht, und die Lehrer im Biologieunterricht, die Experimente mit den Pflanzen machen. (…)
(…)
Also Handys, die keiner mehr benutzt, in denen aber viele Rohstoffe stecken. Seit dieser Aktion steht im Flur neben dem Sekretariat ein Handy-Eimer, in dem auch weiterhin alte Handys gesammelt werden.
Das neuste Projekt der Umwelt-AG, für das die Schule Ende des Monats erneut den Titel „UmweltSchule" bekommt, ist die Mülltrennung auf dem Schulhof.

Meistens steht das Nomen direkt vor dem Relativsatz.

Manchmal steht noch eine Präposition vor dem Relativpronomen.

D3 · 68 · ★ Aussagen zu einem Text: richtig oder falsch? So kannst du im Schülerbuch in D3 vorgehen. Lies zuerst das Beispiel. Löse dann.

1. Lies die Aussage.

Die Auszeichnung „UmweltSchule" bekommen Schulen, die gut Biologie unterrichten.

2. Wo steht das im Text? Suche die passende Textstelle.

Zeile 2-3:

„UmweltSchulen" sind Schulen, die sich besonders für den Umweltschutz und die ökologische Bildung einsetzen.

3. Vergleiche wichtige Wörter in der Aussage und im Text.

„UmweltSchulen" sind Schulen

…, die gut Biologie unterrichten. ← Aussage

…, die sich für den Umweltschutz und die ökologische Bildung einsetzen. ← Text

4. Entscheide: richtig oder falsch?

Die Aussage ist ☐ falsch, denn *„sich für den Umweltschutz und die ökologische Bildung einsetzen"* heißt nicht *„gut Biologie unterrichten".*
☐ richtig.

D3 · 69 · ★ Bearbeite Aufgabe D3 im Schülerbuch. Sind die Aussagen 2 bis 5 richtig oder falsch? Löse schrittweise wie in Aufgabe 68.

★ Lies Aymans Text im Schülerbuch auf S. 45 noch einmal. Welche Überschrift passt am besten? Kreuze an.

☐ Meine Freundin Maja ☐ Meine Arbeit in der Umwelt-AG ☐ Macht bei der Umwelt-AG mit!

★★ Schreibe eine eigene Überschrift für Aymans Text.

....

★ Lies Majas Kommentare. Korrigiere den Text.

Überschrift ??

– von ↑

~~Ich bin~~ Ayman Al-Khafaji, ~~Ich bin~~ Seit einem Monat in der *(Fang die Sätze nicht immer mit „ich" an.)*
Umwelt-AG. ~~Ich~~ *und* mache bei der Mülltrennung mit.

~~Meine liebe Freundin~~ Maja Möller ist auch Mitglied in der
Umwelt-AG. ~~Ich finde Maja gut. Maja ist nett und hübsch~~ *(„ Danke! Aber das ist nicht wichtig für die Schülerzeitung.)*
~~und~~ Maja kann gut erklären. *und* Maja hatte die Idee mit der *(Sie (nicht immer Maja, Maja...))*
Mülltrennung auf dem Schulhof. Maja sagt: „Mülltrennung
ist wichtig! Im Müll sind viele Rohstoffe. Die Rohstoffe kann
man wieder benutzen." *Dann* Man braucht nicht mehr so viele *(Mach hier einen Absatz – schreibe in die nächste Zeile)*
neue Rohstoffe für neue Produkte." Alle Schüler sollen
mitmachen. Wir schreiben viele Plakate. Die Plakate *(schreib einen Relativsatz)*
erklären, was die Schüler machen sollen.
Wir brauchen noch Helfer. Das Leeren ist viel Arbeit. *(schreib einen weil-Satz)*
Ihr wollt helfen, ihr meldet euch bei der Umwelt-AG. Maja *(wenn ihr...., dann...)*
und ich freuen uns. ~~Maja ist sehr nett und hübsch. Sie hat~~ *(besser: Die Umwelt-AG freut sich.)*
~~lange blonde Haare und braune Augen.~~ *(Nochmal: Danke, aber das passt nicht in die Schülerzeitung!)*

.... ← Überschrift

Autor → – von .... –

Seit einem Monat

....

....

....

....

....

....

....

E2 73 **Verbinde.**

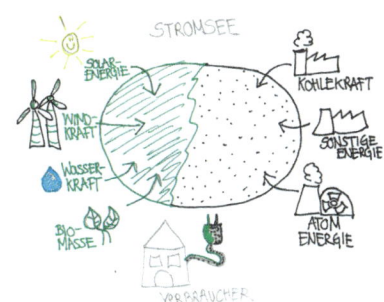

1. die Energiequelle
2. der Stromsee
3. das Kraftwerk
4. das Elektrogerät
5. der Kühlschrank

produziert Strom
von ihr bekommt man Energie
braucht Strom
ein Modell, zeigt Strom aus verschiedenen
    Energiequellen
ein Elektrogerät, hält Nahrungsmittel kühl

E2 74 ★★ **Schreibe Relativsätze mit den Informationen von Aufgabe 73.**

1. Die Energiequelle ist eine Quelle, <u>von der</u> _____

2. Der Stromsee ist ein Modell, _____

3. Das Kraftwerk ist eine technische Anlage, _____

4. Das Elektrogerät ist ein Gerät, _____

5. Der Kühlschrank _____

E3 75 ★★ **Was sagst du in welchem Teil? Sortiere in die richtige Spalte.**

~~Ich erzähle euch heute etwas über …~~ • In meinem Referat geht es um … • Danke fürs Zuhören. •
Das Thema, über das ich heute spreche, ist … • Gibt es noch Fragen? • Mein Hauptteil hat vier Teile. •
Zusammenfassend kann man sagen: Energiesparen ist sehr wichtig. • Der letzte Punkt ist: … •
Im Hauptteil spreche ich über vier wichtige Punkte. • Jetzt komme ich zum zweiten Punkt: … •
Am wichtigsten ist mir dieser Punkt, deshalb spreche ich jetzt zuerst über ihn: … • Ich komme zum Schluss. •
• Der dritte Punkt, über den ich spreche, ist … • Das waren meine vier Punkte. •
Abschließend wiederhole ich jetzt die wichtigsten Informationen.

Einleitung	Hauptteil	Schluss
Ich erzähle euch heute …		

E3 76 ★ **Nummeriere die Sätze. Schreibe sie dann in der richtigen Reihenfolge ins Heft.**

- ☐ 1 Ich halte heute ein Referat zum Thema „Energie sparen".
- ☐ Im Hauptteil spreche ich über vier Punkte.
- ☐ Punkt 2: Geräte, die viel Strom verbrauchen. Diese Geräte heißen auch „Stromfresser".
  Ein Beispiel ist der Kühlschrank. Er verbraucht …
- ☐ Zuerst stelle ich euch verschiedene Energiequellen vor.
- ☐ Dann spreche ich über Geräte, die viel Strom verbrauchen.
- ☐ Habt ihr noch Fragen?
- ☐ Im dritten Teil lernt ihr Energiesparprojekte an unserer Schule kennen.
- ☐ Mein erster Punkt ist also: Energiequellen. Ich habe euch ein Plakat mitgebracht. Hier sieht man …
- ☐ Das war Punkt drei: Energiesparprojekte an unserer Schule. Jetzt kommt mein letzter Punkt:
  Der Energie-Lauf. Das ist ein neues Projekt an der Schule. Ich finde es sehr interessant, denn …
- ☐ Jetzt fasse ich noch einmal kurz zusammen: …
- ☐ Und im vierten Teil möchte ich euch ein neues Projekt vorstellen.

1. Ich halte heute …
2. Im Hauptteil …

Mein Wortschatz 9

Nomen

der Beitrag, ⸚e
die Bildung
die Demonstration, -en
die Energie, -n → *Atom-*
  energie, Windenergie, ...
die Energiequelle, -n
die Erde
das Experiment, -e
der Experte, -n
die Fabrik, -en
der Garten, ⸚
das Gerät, -e → *Elektrogerät*
das Geschäft, -e
das Gewitter, -
die Gliederung, -en
der Haushalt, -e
die Herstellung, -en
die Industrie, -n
das Kabel, -
der Karton, -s
der Klimawandel
die Körperpflege

das Kraftwerk, -e
der Kunststoff, -e
die Landschaft, -en
das Mal, -e → *das dritte Mal*
die Maschine, -n
die Mehrheit, -en
die Mehrwegflasche, -n
die Menge, -n
das Metall, -e
das Mitglied, -er
das Modell, -e
die Mülltrennung
das Nahrungsmittel, -
die Natur
die Naturwissenschaft, -en
das Produkt, -e
das Projekt, -e
das Recycling
das Referat, -e
  → *ein Referat halten*
der Regen
der Rohstoff, -e

der Schalter, -
der Schnee
die Solaranlage, -n
die Sonne
die Sonnenkraft
die Steckdose, -n
der Strom
das Team, -s
der Teilnehmer, -
das Thermometer, -
die Umwelt
der Umweltschutz
der Verbrauch → *Energie-,*
  Wasserverbrauch, ...
die Verschmutzung, -en → *Umwelt-,*
  Wasserverschmutzung, ...
der Vogel, ⸚
die Wiese, -n
die Wolke, -n
das Zeichen, -
die Zusammenfassung, -en
der Zusammenhang, ⸚e

Wortschatz 1

Noch mehr Wörter – Rund um den Müll: Wie trennt ihr Müll? Male ins Heft, beschrifte und ergänze.

das Altglas • das Altpapier • der Biomüll • die Müllabfuhr, -en •
der Müllcontainer, - • der Mülleimer, - • die Mülltüte, -n •
der Papiermüll • die Plastikflasche, -n • der Plastikmüll •
die Plastiktüte, -n • der Restmüll • die Tonne, -n

Noch mehr üben?

- Übe mit den Bild-Wort-Karten zu Lektion 9.
- Schreibe *deine* Wörter ins Heft und ergänze eigene wichtige Wörter.
- Ergänze deine Sprache.

die Mülltrennung
der Papiermüll

Wortschatz 2

Welche Wörter aus der Liste passen? Schreibe ins Heft.

Energie	Umweltschutz	Wetter
die Atomenergie	der Klimawandel	

Wortschatz 3

Wortfamilien: Welche Verben aus der Liste passen? Schreibe auf.

1. die Gliederung – *gliedern*

2. die Herstellung –

3. das Produkt –

4. die Zusammenfassung –

5. die Mülltrennung – *(Müll) trennen*

6. der Umweltschutz –

7. der Energieverbrauch –

8. die Wasserverschmutzung –

Verben

abholen	kontrollieren	schaffen	verbrauchen
ausschalten	korrigieren	scheinen	verdienen
beobachten	leeren	schneien	vermeiden
beschreiben	meinen	schützen	verschmutzen
sich einsetzen	produzieren	sortieren	verwenden
entwickeln	protokollieren	sparen	verzichten
füllen	recherchieren	trennen	werden
funktionieren	reduzieren	tun	wiederverwerten
gliedern	regnen	unterstützen	zerstören
herstellen	sammeln	verarbeiten	zusammenfassen

Adjektive

abschließend	fleißig	nachhaltig	technisch	weiterer,
breit	folgend	ökologisch	umfassend	weiteres,
erfolgreich	hübsch	schädlich	umweltfreundlich	weitere
erneuerbar	kühl	sogenannt	umweltschädlich	wertvoll
erneut	möglich	speziell	unbekannt	zusammenfassend

Andere Wörter und Wendungen

auf dem Land	früher	rund → ca., etwa	usw. → und so	wenn
dieser, dieses,	nämlich	sonst	weiter	zu Ende
diese	oben	spätestens	vor allem → v.a.	zum Beispiel
dort	pro	ungefähr → etwa	weiterhin	→ z.B.

ortschatz 4 · **Umweltschutz: Was kannst du tun? Schreibe Sätze mit Wörtern aus der Liste ins Heft.**

> Ich kann Energie sparen. Ich kann z.B. Elektrogeräte ausschalten, wenn ich sie nicht mehr brauche.
> Ich …

ortschatz 5 · **Verben: Schreibe zu allen Verben aus der Liste die 3. Person Singular Präsens, Präteritum und Perfekt ins Heft. Schlage im Wörterbuch nach, wenn nötig.**

> abholen: er holt ab, er holte ab, er hat abgeholt

ortschatz 6 · **[1-2-alle] ca., usw., z.B., … Welche Abkürzungen kennt ihr noch? Macht ein Plakat.**

ortschatz 7 · **Noch mehr Wörter – Versuchsprotokoll: Bringe die Begriffe in die richtige Reihenfolge für ein Protokoll. Schreibe auf.**

der Aufbau • die Auswertung, -en •
die Beobachtung, -en • die Beschreibung, -en •
die Fragestellung, -en • die Hypothese, -n •
das Material, -ien • ~~die Skizze, -n~~

Das Versuchsprotokoll

1. ....
2. ....
3. ....
4. ....
5. die Skizze
6. ....
7. ....
8. ....

Grammatik 1 [Passiv Präsens] Unterstreiche die Sätze im Passiv.

> Mülltrennung ist Umweltschutz, deshalb trennen wir unseren Müll. Der Müll wird in verschiedenen Tonnen gesammelt, die Mülltonnen werden dann geleert und der Müll wird zu einer Recyclinganlage gebracht. Dort wird der Müll dann wiederverwertet. Bei Papier können fast 100 % wiederverwertet werden. Bei Plastikmüll ist das leider nicht so einfach. Vermeidet deshalb Müll und verzichtet auf Plastikverpackungen.

Im Passivsatz ist wichtig: Was passiert?

Das Passiv Präsens bildest du so:
werden (im Präsens) + Partizip II

Der Plastikmüll **wird** heute **abgeholt**.

Das Passiv mit Modalverben bildest du so:
Modalverb (im Präsens) + Partizip II + *werden*

Die Umwelt **muss geschützt werden**.

Grammatik 2 Ergänze die Passiv-Sätze.

1. Aus dem Müll .... Rohstoffe .... (gewinnen)

2. Aus den Rohstoffen .... neue Produkte .... (produzieren)

3. Bei uns an der Schule .... viel über Umweltschutz .... (sprechen)

Grammatik 3 [Unpersönliches „es"] Schreibe Sätze mit dem Subjekt „es".

1. Winter sein › Es ist Winter. ....

2. kalt sein › ....

3. minus 16 Grad sein › ....

4. schneien › ....

Grammatik 4 [Demonstrativartikel] Ergänze die Demonstrativartikel.

Dieser Schüler heißt Amer und

.... Lehrerin ist Frau Langer.

.... Mädchen heißt Linh.

.... Jungen kenne ich nicht.

Er steht hinter .... Mädchen.

.... Schüler kommen alle aus verschiedenen Ländern.

Mit .... Schülern haben wir ein Projekt gemacht.

Demonstrativartikel haben Endungen wie der bestimmte Artikel. Achte auf den Kasus (Nom., Akk., Dat.).

rammatik 5 [Relativsätze] **Unterstreiche die Relativsätze und markiere Relativpronomen und Verb.**

1. Der Junge, der in der Umwelt-AG mitmacht, heißt Ayman.

2. Maja ist das Mädchen, das die Umwelt-AG gegründet hat.

3. Die Schüler, die Ayman in der AG trifft, sind nett.

4. Janina ist die Schülerin, die Interviews für das Schulradio macht.

5. Wie heißt die Schülerin, mit der Janina heute gesprochen hat?

> Relativsätze beschreiben ein Nomen im Hauptsatz.
> Relativsätze sind Nebensätze: Das Verb steht am Satzende. Am Satzanfang steht ein Relativpronomen oder eine Präposition und ein Relativpronomen.

rammatik 6 [Relativpronomen] **Ergänze die Relativpronomen.**

1. Das ist der Schüler,

.... aus dem Irak kommt.

.... Maja heute trifft.

dem.............. Maja bei den Hausaufgaben hilft.

mit .... wir viel über Umweltschutz sprechen.

2. Das ist die Schülerin, ... aus Eritrea kommt,

.... ich sehr gerne mag,

und mit .... ich Deutsch lerne.

3. Das Buch,

.... wir in Deutsch lesen, ist gut.

Das Buch, mit .... wir in Mathe arbeiten, ist schwer.

4. Die Pflanzen, ... auf dem Schulhof stehen, sind schön.

5. Die Schüler, ... Frau Langer die Grammatik erklärt, hören gut zu.

> Das Relativpronomen hat
> › Formen wie der bestimmte Artikel
> ❗ Plural, Dativ › denen
> › richtet sich im Genus (M, N, F) / Numerus (Sg., Pl.) nach dem Nomen im Hauptsatz und im Kasus (Nom., Akk., Dat.) nach dem Verb / der Präposition im Relativsatz.

rammatik 7 [„wenn ..., dann ..."] **Ergänze die Konnektoren. Markiere die Verben.**

1. Wenn man Müll vermeidet, dann schützt man die Umwelt.

2. .... man badet, ... verbraucht man viel Wasser.

3. .... Ayman Hunger hat, isst er ein Brot.

4. .... Linh Durst hat, trinkt sie am liebsten Wasser.

5. Ich gehe nicht in die Schule, ... ich krank bin.

6. Wir machen gerne mit, ... es interessante AGs gibt.

> Der wenn-Satz ist ein Nebensatz, das Verb steht am Satzende.
> Der dann-Satz ist ein Hauptsatz.
>
> Du kannst dann im Hauptsatz weglassen.
>
> Der Nebensatz kann auch nach dem Hauptsatz stehen.

rammatik 8 [„wenn ..., dann ..."] **Verbinde die Sätze.**

Bedingung
Anna lernt viel.

Folge
Sie schreibt einen guten Test.

Nebensatz	Hauptsatz
	dann
Hauptsatz	**Nebensatz**

☐ kontrolliert .... Datum, Unterschrift Lehrer/in

10 Schule und Lernen

A

A1 1 ★ Ergänze das Wort und den bestimmten Artikel.

Platz • Haus • ~~Blatt~~ • Sachen • Wohn • Heft • Tisch • ung • keit

1. das Arbeitsblatt
2. _____ aufgaben
3. _____ Ordn _____
4. _____ Sauber _____
5. _____ führung
6. die Schul _____
7. _____ Arbeits _____
8. _____ ung
9. _____ Schreib _____

A1 2 ★★ Welche Präposition passt? Ergänze.

Frau Langer spricht _____ Amer. Sie reden _____

Amers Heftführung und seine Hausaufgaben. Amer erzählt

_____ seiner kleinen Wohnung. Amer soll _____

den anderen Schülern im Klassenrat _____ das Thema

Hausaufgaben sprechen.

Hausaufgaben?
sprechen / reden
mit + Dat.

Hausaufgaben …
sprechen / reden
über + Akk.
erzählen von + Dat.

A3 3 ★★ Welches Wort fehlt? Ergänze. Höre noch einmal zur Kontrolle. ▶ 38

auf • den • für • gehe • mache • habe • ich • in • keine • nach • wenn • wird

1. Wie _____ ich am besten meine Hausaufgaben?

2. Das Problem _____ ich auch.

3. Das fängt schon mit der Ordnung _____ den Schulsachen an.

4. Ein Ordner _____ die Arbeitsblätter.

5. Mittags _____ dem Essen kann ich nicht gleich Hausaufgaben machen. _____ brauche

   zuerst eine Pause.

6. Ich habe einfach _____ Ruhe zu Hause.

7. _____ ich zu Hause keine Ruhe habe, _____ ich in die Bibliothek.

8. Anna hat gerade über _____ Arbeitsplatz gesprochen.

9. _____ dem Schreibtisch dürfen nur die Schulsachen liegen. Dann _____ man nicht

   abgelenkt.

A3 4 ★★ Hausaufgaben-Tipps: Verbinde. Schreibe dann „weil"-Sätze wie im Beispiel.

1. Amer fängt an.
2. Rashed hat einen guten Überblick.
3. Ipek kann gut lernen.
4. Anna lernt manchmal in der Bibliothek.
5. Rashed wird nicht abgelenkt.

A Er hält Ordnung in seinen Schulsachen.
B Er hat nur Schulsachen auf dem Tisch.
C Es ist dort ruhig.
D Er hat ein wichtiges Thema für den Klassenrat.
E Sie macht nach dem Essen eine Pause.

1. Amer fängt an, weil er ein wichtiges Thema für den Klassenrat hat.

A3 5 ★ Wortfamilien: Trenne die Wörter. Schreibe Wortfamilien ins Heft.
★★ Sortiere die Wörter nach Wortarten.
★★★ Schreibe zu jedem Wort auch einen Beispielsatz ins Heft.

zuordnenbesprechenablenkenordnungruhigablenkungordnenordentlichspracheunordentlichsprechenruhe

Nomen	Verben	Adjektive
die Ordnung		

A4 6 ★★ Was passt zusammen? Ordne zu. Formuliere dann Tipps im Imperativ.

keine Musik bei den Hausaufgaben   das Handy

nachschlagen   führen   suchen   hören   den Arbeitsplatz

ausmachen

neue Wörter im Wörterbuch

ein Hausaufgabenheft   sauber halten   einen ruhigen Arbeitsplatz

keine Musik bei den Hausaufgaben hören > Höre keine Musik bei den Hausaufgaben!

★ Schreibe die Tipps auch mit „sollen".

Wir sollen keine Musik bei den Hausaufgaben hören.

★★★ Schreibe die Tipps auch im Imperativ Plural und mit einem Modalverb.

Hört keine Musik bei den Hausaufgaben. Wir dürfen ...

√A5 7 Was kann „etwas" sein? Ordne zu. Ergänze auch eigene Beispiele.

Bilder • einen Dialog • Musik • einen Text • eine Erklärung • Pantomime spielen • eine Lösung • lebende Sätze bilden • ein Lernplakat erstellen

etwas hören, z.B.: ....

etwas (an)sehen, z.B.: ....

etwas besprechen, z.B.: ....

etwas tun, z.B.:   Pantomime spielen,

A5 8 ★★ Was ist „etwas?" Ordne die Antworten zu und markiere.

Ja, Aufgabe 8 auf Seite 79. • Nein, nichts Neues. • Ja, den Ausflug.

Habt ihr etwas Neues gelernt?

....

Habt ihr etwas Wichtiges besprochen?

....

Müssen wir etwas als Hausaufgabe machen?

....

Hat Frau Langer etwas gesagt, weil ich heute nicht da war?

Nein, nichts.

Doch, sie hat etwas gesagt: Du sollst für den Test lernen.

★★ **Schreibe die Fragen richtig. Schreibe auch eine Antwort.**

1. etwas / du / trinken / möchtest / ? ▶ ....

  ◁ ....

2. gegessen / ihr / habt / etwas / ? ▶ ....

  ◁ ....

3. gesagt / etwas / du / hast / ?   ▶ ....

....

4. schon / etwas / gelernt / habt / für den Test / ihr / ?

  ▶ ....

  ◁ ....

★★ **Ergänze die richtige Form von „dies-" und ordne das passende Bild zu.**

A   B   C   D

1. In <u>diesem</u> Zimmer sieht es chaotisch aus. .... Mädchen räumt nicht gern auf.   Bild: ◯

2. Auf .... Schreibtisch ist alles ordentlich. .... Schüler hält gern Ordnung.   Bild: ◯

3. .... Arbeitsplatz ist hell, aber vielleicht nicht ruhig.

Dat. → .... Schüler ist es zu laut, deshalb hält er sich die Ohren zu.   Bild: ◯

4. An .... Tisch lernen vier Schülerinnen. .... Schülerinnen benutzen

Bücher und ihre Handys und sprechen miteinander. .... Schülerin trägt eine Mütze,

vielleicht ist es kalt.   Bild: ◯

★★★ **Schreibe zu jedem Bild von Aufgabe 10 einen „weil"-Satz ins Heft.**

Bild B: In diesem Zimmer sieht es chaotisch aus, weil ...

★★ **Wann lernst du effektiv? Wann nicht?**

Ich lerne effektiv, wenn ....

....

....

Wenn ....

Noch mehr Wortschatz üben?

Frage deine Lehrerin /
deinen Lehrer nach
den Bild-Wort-Karten
zu Lektion 10. Übe.

BILD-
WORT-
KARTEN

....

dann lerne ich nicht so gut.

10 B Arbeitsformen und Lernmethoden

B1 **13** **Kennst du diese Arbeitsformen? Ordne zu.**

Frontal • Gruppen • Einzel • Partner • Lehrerin • Schüler • sprechen • zwei • allein • zusammen • Kreis

der Frontalunterricht › Die Lehrerin erklärt, die .... hören zu.

die .... arbeit › Die Schüler arbeiten ....

C

D

E

der Stuhl ....

die .... arbeit

die .... arbeit

› Die Schüler sitzen im Kreis und .... miteinander.

› Immer .... Schüler arbeiten zusammen.

› Die Schüler arbeiten ....

B3 **14** ★★ [dass-Sätze] **Schreibe im Satzmodell.**

1. Nelly sagt: „Ich arbeite gern in der Gruppe."

Nebensatz

Nelly | sagt | , | dass | sie | gern in der Gruppe | arbeitet | .

2. Deniz erzählt: „Wir machen oft Übungen im Stuhlkreis."

Deniz erzählt, dass sie ....

3. Anna weiß: „In der Bibliothek kann ich gut arbeiten."

.... , ... sie ....

4. Amer meint: „Zu Hause habe ich keine Ruhe."

.... , ... er ....

5. Ich denke oft: „Frontalunterricht ist langweilig."

....

6. Du glaubst: „Wir brauchen heute kein Wörterbuch."

....

B3 **15** ★★ **Schreibt Wechselkärtchen für die Verben.**
★ **Konjugiert die Verben im Heft.**

glauben • finden • wissen • sagen • meinen • denken

glauben
Präsens: ich glaube, du ...
Präteritum: ich glaubte, du ...
Perfekt: ich habe geglaubt, du ...

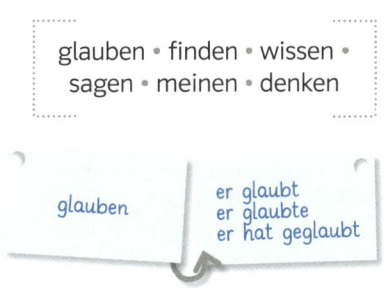

glauben

er glaubt
er glaubte
er hat geglaubt

★★★ **Was bedeutet das Verb „hoffen"?**
Konjugiere und bilde Beispielsätze.

★ **Markiere die Verben. Ergänze dann die „dass"-Sätze.**

1. Die Lehrerin <mark>sagt</mark>, ich <mark>soll</mark> laut <mark>sprechen</mark>.

   Die Lehrerin sagt, dass ich laut sprechen soll.

2. Meine Mutter meint, ich soll ihr mehr helfen.

   Meine Mutter _____, dass ich ihr mehr _____

3. Ich denke, ich kann gute Texte schreiben.

   Ich _____, dass ich gute Texte _____

4. Wir wissen, wir müssen noch viel lernen.

   Wir _____, dass wir noch viel _____

5. Amer hat erzählt, er war gestern im Kino.

   Amer _____, dass er gestern im Kino _____

★★ **Schreibe die Fragen ins Heft. Antworte mit einem „dass"-Satz.**
★★★ **Ergänze eine Begründung.**

Ist Lernen wichtig?

Findest du Deutsch schwer?

Sind deine Mitschüler nett?

Glaubst du, ihr solltet mehr Hausaufgaben bekommen?

Hast du schon gehört? Wir haben morgen keinen Sport.

Ist Lernen wichtig? Ich denke, dass Lernen sehr wichtig ist.

★★ **Ergänze: „das" oder „dass"?**

> das ist › ein bestimmter Artikel und
> › ein Relativpronomen
> dass leitet einen Nebensatz ein

1. _____ ist meine Arbeitsgruppe. Wir sind fünf Schüler und

   machen ein Plakat zum Thema „Lernen". Ich denke, _____

   wir gut zusammen arbeiten, denn _____ Plakat ist sehr gut.

2. _____ Lineal, _____ auf dem Boden liegt, gehört mir.

3. Dieses Buch, _____ Tuğba vorgestellt hat, ist interessant. Ich wusste nicht, _____

   Nasreddin Hodscha aus der Türkei kommt.

4. Ich stelle euch einen neuen Schüler vor. _____ ist Ahmed. Er kommt aus dem Iran. Ahmed,

   _____ sind deine Mitschülerinnen und Mitschüler. _____ Deutschbuch bekommst du morgen.

   Ich hoffe, _____ dir der Unterricht gefällt und du viel lernst.

★★ **Welches Verb passt? Ordne zu.**

> üben • führen • sammeln • erstellen •
> verschaffen • notieren • nachschlagen

1. Ideen ☐☐☐☐☐☐

2. ein Lernplakat ☐☐☐☐☐☐☐☐

3. mit Wechselkärtchen ☐☐☐☐

4. ein Wörterheft ☐☐☐☐☐

5. im Wörterbuch ☐☐☐☐☐☐☐☐☐☐

6. Stichwörter ☐☐☐☐☐☐☐☐

7. sich einen Überblick ☐☐☐☐☐☐☐☐☐☐☐

★★★ **Schreibe je einen Beispielsatz.**

Wenn ich ein Wort nicht kenne, schlage ich im Wörterbuch nach.

B4 20 ★★ Ein Referat vorbereiten: Nummeriere die Arbeitsschritte.
★ Schreibe die Arbeitsschritte dann ins Heft. Vergleiche mit Aufgabe E4 in
Lektion 9.

◯ ein Thema finden ◯ Material vorbereiten (z.B. ein Plakat erstellen) ①eine Gruppe bilden

◯ das Referat ausarbeiten (eine Gliederung erstellen, die Teile aufteilen) ◯ Informationen sortieren

◯ Stichwortkärtchen schreiben und üben ◯ einen Zeitplan machen

◯ das Thema erschließen (interessante Fragen formulieren)

◯ Überlegen: Woher bekommen wir Informationen? ◯ Informationen recherchieren und sammeln

1. eine Gruppe bilden, 2. ein Thema ...

B4 21 ★★ Schreibe einen kurzen Text mit den Arbeitsschritten von Aufgabe 20 ins Heft.

★★★ Schreibe den Text im Passiv.

Zuerst bildet man eine Gruppe.
Dann .../ Danach .../ Anschließend ...

Zuerst wird eine Gruppe gebildet.

B4 22 ★★★ Ein Laufdiktat schreiben: Ergänze das Verb im Passiv oder Präsens.

1. Der Diktattext *wird* gut *gelesen*. (lesen)

2. Dann _____ mehrere Texte im Raum _____ (verteilen) oder an eine Wand _____ (hängen).

3. Nun _____ (gehen) man zu dem Text und _____ (merken) sich den ersten Satz.

4. Man _____ (gehen) danach zurück an den Arbeitsplatz und _____ (schreiben) den Satz ins Heft.

5. So _____ nach und nach der ganze Text ins Heft _____ (schreiben).

6. Zum Schluss _____ der Diktattext wieder _____ (abhängen) und der Text im Heft damit _____ (kontrollieren).

B5 23 Gründe für oder gegen die Lernmethoden: Unterstreiche in zwei Farben. Sortiere dann im Heft und ergänze weitere Gründe für oder gegen eine Lernmethode.

1. Bei Gruppenarbeit ist es immer zu laut in der Klasse. Aber zusammen hat man mehr Ideen.

2. Ich finde, dass Laufdiktate nichts bringen. Sie dauern lange und man macht auch Fehler.

3. Die Bild-Wort-Kärtchen sind nützlich. Man sieht das Bild und kann sich die Wörter leichter merken.

4. Mindmaps machen viel Arbeit, aber man bekommt dann einen guten Überblick.

5. Für ein gutes Lernplakat muss man viel nachdenken. Aber man versteht den Stoff dann besser.

	dafür	dagegen
Gruppenarbeit	zusammen hat man mehr Ideen	zu laut in der Klasse
Laufdiktat		

★★ Ergänze die Meinungen dieser Schüler.
★ Die Sätze von Aufgabe B5 im Schülerbuch auf S. 51 helfen.

1. Amer ist _der Meinung_, dass Janinas Interviews interessant sind.

   👍 Aminata teilt _____ von Amer.

   Sie _____ auch, dass _____

   👎 Kacper teilt _____ von Amer nicht. Er _____ nicht,

   dass _____

2. Rashed hat _____, _____ Wechselkärtchen eine gute Methode sind.

   👍 William denkt _____, dass _____

   👎 Keying _____ das anders _____ Rashed. Sie mag Wechselkärtchen nicht.

3. Yusup _____ es nicht gut, _____ er Mindmaps machen soll, weil sie oft chaotisch sind.

   👍 _____ stimmt, _____ Mindmaps chaotisch sind, findet Kadir. Er mag Tabellen lieber.

   👎 Frau Langer _____ Yusup nicht _____. Sie findet Mindmaps sehr effektiv.

★★ Deine Meinung: Schreibe jeweils den ersten Satz von Aufgabe 24 ab und stimme zu oder widerspreche.

> 1. Amer ist der Meinung, dass Janinas Interviews interessant sind.
> Ich ....

★★★ Ergänze: Wo fehlt „es"? Wo nicht?

1. ► _Es_ ist wichtig, dass wir in der Gruppe arbeiten.

   ◁ Dass wir Ruhe haben, _—_ finde ich wichtiger.

2. ► _____ ist schade, dass wir nicht mehr Gruppenarbeit machen.

   ◁ Ja, ich finde _____ auch schade, dass wir so oft Frontalunterricht haben.

3. ► _____ stimmt, dass Partnerarbeit Spaß macht. Aber dass wir zu zweit viel besser lernen,

   _____ stimmt meiner Meinung nach nicht.

4. ► _____ ist interessant, dass viele Schüler beim Lernen Musik hören. Ich glaube aber nicht,

   dass _____ gut ist.

★★ Schreibe die Meinungen mit Begründung wie im Beispiel.

1. Rashed denkt / Wortkarten sind eine gute Methode / man merkt sich Wörter besser
2. ich stelle fest / Gruppenarbeit ist effektiv / wir sprechen viel
3. ich finde wichtig / wir schreiben oft Satzmodelle / ich verstehe die Grammatik dann besser
4. Anna hat gemerkt / das Wörterheft hilft / man bekommt so einen guten Überblick

Hauptsatz   Nebensatz mit „dass"   Nebensatz mit „weil"

> 1. Rashed denkt, dass Wortkarten eine gute Methode sind, weil man sich Wörter besser merkt.

★★★ Schreibe weiter. Überlege: Welcher Teil ist der Hauptsatz, welcher der Satz mit „weil" oder „dass"?

5. schade / leider schwer / keine Bücher lesen in Deutsch
6. Raps im Unterricht hören / super / Spaß machen
7. schnell essen müssen / nicht gut / Pausen sehr kurz
8. so viel üben / viel Deutsch sprechen / wichtig

B6 28 ★★ **Höre den Text noch einmal. Was ist richtig? Kreuze an.** ▶ 40

1. Herr Peters …
   a ☐ mag gern verschiedene Arbeitsformen.
   b ☐ macht am liebsten Gruppenarbeit.
   c ☐ liest im Unterricht interessante Artikel.

2. Unterricht soll Spaß machen, deshalb …
   a ☐ erzählt Herr Peters den Schülern gern Witze.
   b ☐ gestaltet Herr Peters den Unterricht interessant.
   c ☐ lachen die Schüler viel im Unterricht.

3. Herr Peters meint, dass …
   a ☐ Grammatik nicht relevant ist.
   b ☐ man Grammatik auch mit Videos lernen kann.
   c ☐ Rihanna wichtig ist.

4. Herr Peters hat gemerkt, dass Schüler …
   a ☐ nicht gern Videos sehen.
   b ☐ gern mit modernen Medien arbeiten.
   c ☐ im Unterricht nur Videos sehen wollen.

★★★ **Was hast du gehört? Notiere.**

Was heißt relevant? ....

Was findet Herr Peters relevant? ....

Was heißt „Spaß am Lernen"? ....

Was macht Herrn Peters Spaß? ....

B6 29 ★★ **Herr Peters erzählt weiter: Lies und markiere wichtige Informationen. Ergänze dann die Informationen im Diagramm.**

Die Experten haben noch andere Fragen gestellt. Die Ergebnisse der Umfrage sind interessant. Es gibt auch ein paar Unterschiede zwischen Jungen und Mädchen. Genau die Hälfte der befragten Jungen sagte, dass sie sich mehr elektronische Medien im Unterricht wünschen. Dazu gehören Smartphones, Tablets, Computer. Bei den Mädchen waren es nur knapp ein Drittel, nämlich 32 %.
44 % der Mädchen, aber nur 37 % der Jungen möchten gern mehr Projektunterricht an der Schule. Weniger als die Hälfte, nämlich nur 40 % der Schülerinnen und Schüler, sagten, dass sie keine Hausaufgaben mehr wollen. Da gibt es keine Unterschiede zwischen Mädchen und Jungen. Auch nicht bei den Noten: Keine Noten wünschen sich 25 %, also ein Viertel der Schülerinnen und Schüler. Insgesamt fanden über die Hälfte der Mädchen, nämlich 58 % und 54 % der Jungen, dass Lernen Spaß macht – aber nur manchmal.

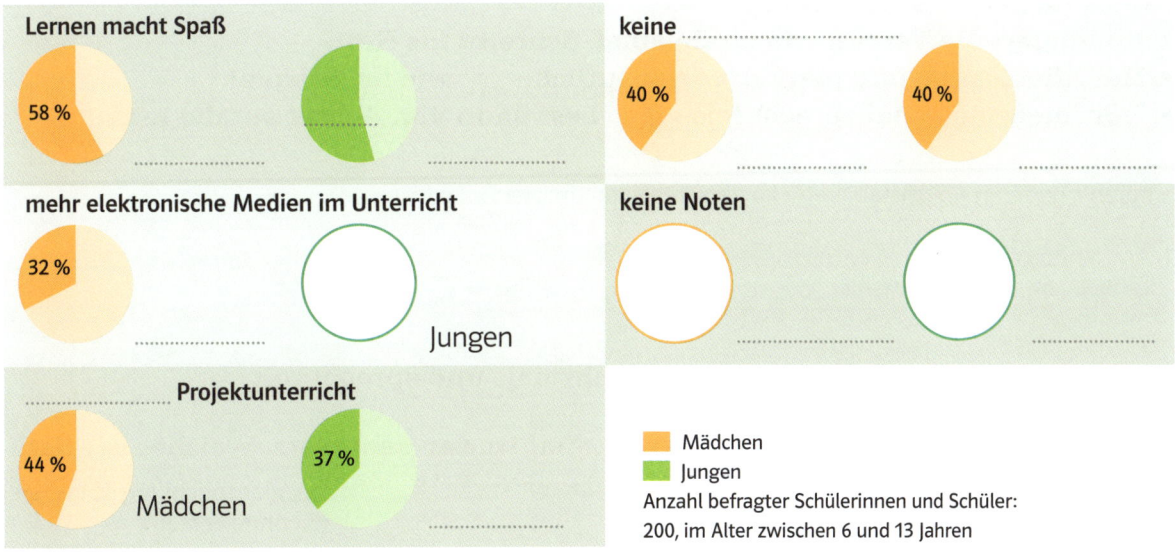

Lernen macht Spaß
58 %

keine ....
40 %   40 %

mehr elektronische Medien im Unterricht
32 %   Jungen

keine Noten

Projektunterricht
44 %   37 %
Mädchen

🟧 Mädchen
🟩 Jungen
Anzahl befragter Schülerinnen und Schüler:
200, im Alter zwischen 6 und 13 Jahren

★★★ **Erstelle ein Balkendiagramm mit den Informationen.**

B8 30 GRUPPE

[Aussprache] R-Laute: Prima! Sehr gut! ▶ 43

- Hört zu und achtet auf die R-Laute.
- Markiert die R-Laute wie in den Beispielen.
- Hört mehrmals. Sprecht erst leise mit und dann nach.

Prima!

R / r   Reise, stören, Brot, tragen, frei, krank

r, -er, er-   Ohr, Uhr, Jahr, Tür, wer, wir
Mutter, Teller, Zimmer, Lieder, schöner, verstehen

Sehr gut!

B8 31 GRUPPE

[Aussprache] R-Laut-Reime ▶ 44

- Findet die Reimwörter in Aufgabe 30 und schreibt sie auf.
- Hört mehrmals. Kontrolliert die Lösung und sprecht dann nach.

hören – stören ____   nur – ____   immer – ____

Kreise – ____   vor – ____   Butter – ____

drei – ____   er – ____   wieder – ____

fragen – ____   ihr – ____   Döner – ____

rot – ____   für – ____   Keller – ____

Schrank – ____   war – ____   vergehen – ____

die Zeit vergeht

B8 32

[Aussprache] Ergänze die Regel.

> nach einem langen Vokal • am Wortanfang und am Silbenanfang •
> in der Endung „-er" • in Vorsilben mit „er-"

R/r hört man deutlich ____

r hört man nicht deutlich ____

____

und ____

B8 33 GRUPPE

[Aussprache] Im Unterricht ... ▶ 45

- Konjugiert die Verben wie im Beispiel. Schreibt ins Heft.
- Hört die Lösung und markiert das deutliche „r" wie im Beispiel.
- Hört mehrmals und sprecht leise mit. Lest dann vor. Achtet auf die R-Laute.

> hören • notieren • buchstabieren • konjugieren • multiplizieren • erklären

ich höre, du hörst, er/sie/es hört, wir hören, ihr hört, sie/Sie hören

B10 34 GRUPPE

[Aussprache] R-Zungenbrecher: Hört mehrmals und sprecht mit. Sprecht dann selbst. ▶ 47

Reime sprechen, Rätsel raten, Brezeln brechen, Würste braten.
Runter, raus und geradeaus – sprich die Wörter richtig aus.

Wer spricht am schnellsten ohne Fehler?

Im grünen Gras ein kleines Glas, ein frecher Reiter auf der Leiter und dann immer immer weiter.

C1 35 Schreibe den passenden Satz unter das Bild.

Rashed ärgert Meron. • Ipek sieht Meron. • Rashed ärgert sich. • Ipek sieht sich.

....

....

C2 36 ★ [Reflexive Verben] Ergänze das passende Verb im Präsens.

Das Reflexivpronomen steht meistens hinter dem konjugierten Verb.

sich streiten • sich freuen • sich ärgern • sich konzentrieren müssen • sich lieber unterhalten wollen • sich nicht interessieren

1. Kadir und Rashed sind immer unterschiedlicher Meinung, sie streiten sich sehr oft.

2. Die Schüler schreiben einen Test, sie ....

3. Amer ist sauer, er .... über seinen Bruder.

4. Anna will nicht arbeiten, sie ....

5. Manche Schüler finden Mathe langweilig, sie .... für Mathe.

6. Alle Schüler ...., denn bald sind Ferien.

★★★ Markiere alle Verben in den Sätzen. Schreibe die Sätze dann in der Vergangenheit ins Heft.

C2 37 ★★ [Reflexivpronomen im Akkusativ] Ergänze das richtige Reflexivpronomen.

ich freue ....

du freust ....

er/sie/es freut ....

wir freuen ....

ihr freut ....

sie freuen ....

dich • euch • mich
sich • sich • uns

1. ▶ Ihr müsst .... konzentrieren! ◁ Wir können .... nicht konzentrieren, es ist zu laut.

2. ▶ Wer meldet .... für das Referat? ◁ Ich melde ....!

3. ▶ Entschuldige ...., Amer! ◁ Yusup muss .... auch entschuldigen!

4. ▶ Streitet .... doch nicht immer! ◁ Wir streiten .... doch gar nicht.

★★★ Schreibe weitere kurze Dialoge mit diesen Verben ins Heft.

wir / sich langweilen   ihr / sich unterhalten

du / sich gut fühlen   ich / sich treffen   die Schüler / sich melden

C2 38 ★ Schreibe die Sätze richtig ins Heft.

1. sehr gut / Ich / heute / fühle mich / .
2. nicht / Freust / du dich / ?
3. Amer, du / häufiger / melden / musst dich / !
4. heute / Treffen / Nachmittag / wir uns / ?
5. über etwas / nie / wir / streiten uns / .
6. muss / Jetzt / etwas ausruhen / ich mich / .

> 1. Ich fühle mich ...

C3 39 ★★ [Verben mit festen Präpositionen] Ergänze. ★ Diese Präpositionen fehlen.

1. Sergio kann sich nicht _____ das Lernen konzentrieren.

2. Es stört Frau Langer, wenn wir uns _____ den richtigen
   Artikel streiten.

> auf • über • bei • für • mit

3. Es ist gut, dass sich mein Freund _____ mir entschuldigt hat.

4. Gestern haben wir uns _____ die Nachbarn geärgert.

5. Ich finde es toll, dass sich deine Schwester _____ Technik interessiert.

6. Hast du dich schon _____ Frau Langer _____ die neuen Bücher unterhalten?

7. Ich freue mich schon sehr _____ den Sommer.

8. Kadir hat sich _____ das Fahrrad, das er zum Geburtstag bekommen hat, gefreut.

C3 40 ★★★ Ergänze die Präpositionen und den bestimmten Artikel.

1. Wir freuen uns schon sehr auf den Sommer.

2. Es stört mich, dass sich Kadir und Rashed immer _____ _____ Grammatik streiten.

3. Hat sich Rashed _____ _____ Mitschülerinnen entschuldigt?

4. Frau Langer kann sich heute nicht _____ _____ Unterricht konzentrieren.

5. Am Donnerstag haben wir uns _____ _____ Essen in der Cafeteria geärgert.

   Wir hatten uns schon sehr _____ _____ Pizza gefreut, aber sie war nicht lecker.

6. _____ _____ neuen Projekte der Umwelt-AG interessiere ich mich sehr.

7. Habt ihr euch mit Maja _____ _____ Schulgarten unterhalten?

> auf, über, für + Akk.
> bei, mit + Dat.

C4 41 Welche Präposition passt? Sortiere und schreibe eine Liste ins Heft.

reagieren   träumen   denken   streiten

handeln   (sich) entschuldigen   (sich) vorbereiten

bitten   telefonieren   sich ärgern   erzählen

(sich) anmelden   aufpassen   kümmern   beginnen

berichten   danken   antworten

achten   sich treffen   verzichten   schicken

(sich) informieren

an
auf
für
mit
um
von
über

> Denke an den richtigen Kasus
> nach der Präposition.
> von, mit + Dat.
> auf, für, um, an + Akk.
>
> Manche Verben haben zwei feste
> Präpositionen, z. B.
> *sich entschuldigen bei / für*

> Verben mit festen Präpositionen
> an + Akk.   um + Akk.
> denken an

★★★ Erstellt ein Quiz für eure Mitschüler.
Schreibt für jedes Verb einen Beispielsatz mit zwei
Präpositionen. Lest die Sätze vor. Die anderen sagen:
Welche Präposition ist richtig?

> Ich passe … um / auf … meine Schwester auf.

> auf!
> Ich passe auf meine
> Schwester auf.

C4 42 ★★ Ergänze die Präposition.

1. Ipek hat sich gut .... ihr Referat vorbereitet.

2. Kadir interessiert sich .... Tischtennis. Keying interessiert sich auch dafür.

3. Keying spricht .... Frau Langer .... Lerntipps.

4. Ismail träumt .... Fußballspielen und Aminata träumt .... Rashed.

5. Ich kümmere mich .... das Lernplakat und Anna kümmert sich .... den neuen Schüler.

6. Frau Langer will .... dem Unterricht beginnen und bittet die Klasse .... Ruhe.

7. Das Buch handelt .... der Geschichte Bayerns und .... dem Märchenkönig Ludwig.

C4 43 ★★ [Fragen mit festen Präpositionen] Suche die Antwort in Aufgabe 42 und ergänze.

Sache ↘

Worüber spricht Keying? .... über Lerntipps ....

↙ Person

Mit wem spricht Keying? ....

Wovon träumt Ismail? ....

Von wem träumt Aminata? ....

Wo(r)+ Präposition
› fragt nach „Sachen"
Worauf hat sich Ipek vorbereitet?
Auf ihr Referat.

Präposition + wen / wem
› fragt nach Personen
Um wen kümmert sich Anna?
Um den neuen Schüler.

★★★ Schreibe weitere Fragen und Antworten zu den Sätzen von Aufgabe 42.

C4 44 ★★ Unterstreiche die Präpositionen. Ordne den Fragen die richtigen Antworten zu.

1. Worauf freust du dich?

2. Auf wen freust du dich?

3. Wofür interessierst du dich?

4. Worüber ärgerst du dich?

5. Über wen ärgerst du dich?

6. Woran denkst du?

A Für Technik.

B Über den Test.

C Auf Kadir!

D An ein leckeres Eis.

E Auf Deutsch.

F Über meinen Bruder.

★ Schreibe dann wie im Beispiel ins Heft.

1. ▶ Worauf freust du dich?
◀ Ich freue mich auf Deutsch.

★★★ Schreibe auch eigene Antworten auf die Fragen ins Heft.

C4 45 ★★ Ergänze die Präposition. Schreibe dann Fragen ins Heft.

1. Wir interessieren uns für Biologie.

2. Ich streite mich oft .... meinen Brüdern.

3. Wir unterhalten uns .... den Ausflug.

4. Meron entschuldigt sich .... Yusup.

5. Frau Langer hat .... Annas Vater telefoniert.

6. Du sollst .... Amers Tasche aufpassen.

1. Wir interessieren uns für Biologie. › Wofür interessiert ihr euch? Für Biologie.

C4 46 ★★ [Pronomen mit festen Präpositionen] Markiere und ergänze die Präpositionen.

1. Ich denke oft an die Schule.   Daran denke ich auch oft.

   Ich denke oft an meine Oma.   An sie denke ich auch oft.

2. Anna spricht mit Samir.   .... ihm habe ich auch gesprochen.

   Anna spricht über Geld.   Dar.......... sprechen wir nie.

3. Samir freut sich auf Sport.   Dar.......... freue ich mich nicht.

   Samir freut sich auf Ben.   .... ihn freue ich mich nicht.

da(r) + Präposition
› ersetzt „Sachen"
Präposition + Personalpronomen
› ersetzt Personen
Denke an den Kasus!

★★ [Reflexivpronomen im Dativ] Ergänze die Reflexivpronomen.
★ Markiere zuerst das Subjekt. Schreibe die Sätze dann ins Heft.

1. **Du** musst _____ ein gutes Beispiel ausdenken.

2. Wir wünschen _____, dass wir bald noch einen Ausflug machen.

3. Ich habe _____ die neuen Wörter gut gemerkt.

4. Mein Freund hat _____ viel Arbeit mit dem Lernplakat gemacht.

5. Haben Sie _____ auch Notizen gemacht, Frau Langer?

6. Ihr könnt _____ die Bücher gern ausleihen.

7. Alle Schüler haben _____ die Lernplakate angesehen.

8. Kannst du _____ die Hausaufgaben merken?

ich › mir	wir › uns
du › dir	ihr › euch
❗ er/es/sie/sie/Sie › sich	

★★★ Schreibe je einen Satz mit den Verben ins Heft. Ersetze „etwas".

wir / sich etwas ausdenken   ich / sich etwas wünschen   du / sich etwas merken

ihr / sich etwas kaufen

Wir denken uns eine lustige Geschichte aus.

★★ Dativ oder Akkusativ? Welches Reflexivpronomen passt? Ordne zu.

Ich wasche _____ täglich.
Ich wasche **mich** die Haare.
Ich ziehe **mir** an.
Ich ziehe _____ eine Jacke an.

Wenn das reflexive Verb ein Akkusativobjekt hat, steht das Reflexivpronomen im Dativ.

★★ Schreibe Sätze wie in Aufgabe 49. Unterstreiche das Akkusativobjekt.

1. sich schminken › Du _____

   sich die Augen schminken › Du _____

2. sich kämmen › Ich _____

   sich die Haare kämmen › Ich _____

3. sich verletzen › Du _____

   sich den Fuß verletzen › Du _____

4. sich die Hände waschen › Ich _____

   sich die Zähne putzen › Du _____

★★★ Schreibe Beispielsätze ins Heft.

sich etwas aufschreiben   sich erkälten

sich Sorgen machen um

sich duschen

sich die Hände abtrocknen

Überlege:
Hat der Satz ein Akkusativobjekt?
Brauchst du das Reflexivpronomen im Dativ oder Akkusativ?

C7 52 ★ [Adjektive deklinieren: Akkusativ] Markiere den Artikel und die Endungen.

	bestimmter Artikel	**unbest**immter Artikel
M	Ich mag den großen Mund.	Er hat einen großen Mund.
N	Ich mag das schöne Fell.	Er hat ein schönes Fell.
F	Ich mag die runde Nase.	Er hat eine runde Nase.
Pl.	Ich mag die langen Ohren.	Er hat lange Ohren.

der innere Schweinhund

Amer

Schwei·ne·hund *der* <(e)s, -e> *Schimpfwort* ■ **der innere Schweinehund** *wenn etwas sinnvoll ist, man das aber unangenehm findet* Wenn ich Sport treiben soll, muss ich immer erst meinen inneren Schweinehund überwinden.

★★ Lerntipp Adjektivendungen: Markiere und ergänze wie im Beispiel.

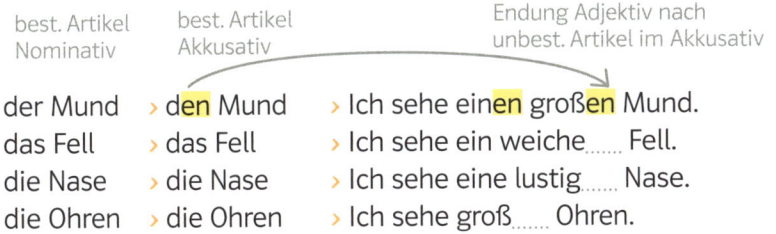

best. Artikel Nominativ	best. Artikel Akkusativ	Endung Adjektiv nach unbest. Artikel im Akkusativ
der Mund	› den Mund	› Ich sehe einen großen Mund.
das Fell	› das Fell	› Ich sehe ein weiche_____ Fell.
die Nase	› die Nase	› Ich sehe eine lustig_____ Nase.
die Ohren	› die Ohren	› Ich sehe groß_____ Ohren.

★★★ Wie sieht Amer aus? Beschreibe ihn.

der Pullover / rot   die Brille / rund
die Haare / schwarz   das Hemd / blau

Amer hat ein... rot... Pullover. Er hat ...

C7 53 ★★ Beschreibe den inneren Schweinehund weiter. Ergänze passende Adjektive und schreibe Sätze.

Die Augen sind klein   › Der Schweinehund hat _____ Augen.

Die Füße sind _____   › _____

Der Zahn ist _____   › _____

Die Arme sind _____   › _____

★★★ Wie sieht dein innerer Schweinehund aus? Male und beschreibe ihn im Heft.

C7 54 ★★ Lerntipps: Ergänze die Adjektive mit der richtigen Endung.
★ Markiere zuerst die Nomen hinter den Adjektiven: M, N, F, Pl.

1. Richte dir einen ruhig_____ und hell_____ Arbeitsplatz ein. Suche dir zuerst eine leicht_____ Aufgabe aus, danach kannst du auch die schwer_____ Aufgaben lösen.

2. Mische die leicht_____ und die schwer_____ Aufgaben. Schriftlich_____ und mündlich_____ Aufgaben kannst du auch abwechseln. Mache auch häufiger eine kurz_____ Pause. Die längst_____ Pause solltest du nach dem Mittagessen machen.

3. Den gut_____ Tipp gibt mir meine Oma immer: Lass auch frisch_____ Luft ins Zimmer. Trinke einen lecker_____ Saft oder iss ein frisch_____ Stück Obst. Mir hilft das sehr, denn ich habe immer groß_____ Hunger und groß_____ Durst beim Lernen.

4. Verteile den schwierig_____ Lernstoff auf mehrere Tage. Teile den Lernstoff in klein_____ Portionen ein. Finde eine gut_____ Zeit für das Lernen.

★★ **Welche Schulsachen hast du? Ergänze die Adjektivendung.**
★ **Markiere zuerst die Nomen: M, N, F, Pl.**

Ich habe …

mein gelb_____ Deutschbuch   meine neu_____ Hefte   meinen gut_____ Stift

meine groß_____ Trinkflasche   meinen schön_____ Rucksack   mein dick_____ Wörterbuch

meine bequem_____ Sportschuhe   meine bunt_____ Marker   mein lecker_____ Pausenbrot

meinen schnell_____ Taschenrechner   meine klein_____ Schere   meine kurz_____ Sporthose

★★★ **Ändere das Possessivpronomen.**
Schreibe für diese Personen.

> Kadir hat …   Meron hat …   Wir haben …

★★ **Was brauchst du heute für die Schule? Was nicht? Schreibe ins Heft.**

> Ich brauche mein gelbes Deutschbuch.   Ich brauche keine kurze Sporthose.

★★ **Markiere die Adjektivendungen. Ergänze das Lernplakat.**

Grüner Tee ist gesund. Magst du grünen Tee? Ich trinke immer grünen Tee beim Lernen.
Hier ist frisches Obst. Man soll jeden Tag frisches Obst essen.
Große Angst hilft nicht beim Lernen. Ich hatte große Angst vor dem Deutschtest.
Neue Wörter sind wichtig. Lerne täglich neue Wörter!

Adjektive vor Nomen ohne Artikel

	Nominativ Das ist …	Akkusativ Ich habe …
M	grüner Tee	
N		
F		
Pl.	Das sind	Ich lerne

★★★ **Ergänzt Annas Lernplakat. Erklärt und macht Beispiele.**

PARTNER

Adjektive deklinieren

	SINGULAR			PLURAL
	m	n	f	
Nominativ Wer? Was?	der____ e / kein mein / — ____ er	das _____ kein es mein / — es	die _____ keine e meine / — e	die _____ / — e
Akkusativ Wen? Was?	den____ keinen en meinen / — en	das e kein _____ mein / — es	die _____ keine e meine / — e	die _____ / — e

Die Adjektivendungen kommen oft vom … Artikel.

Adjektive vor femininen Nomen haben immer …

den Stift
Gib mir einen kleinen Stift.

D1 59 Um wie viel Uhr ist das? Ordne die Tageszeiten dem Zeitstrahl zu.

> Abend • Mittag • mitten in der Nacht • ~~morgens~~ • Nachmittag •
> Nacht • vormittags • späterer Nachmittag • späterer Vormittag

morgens

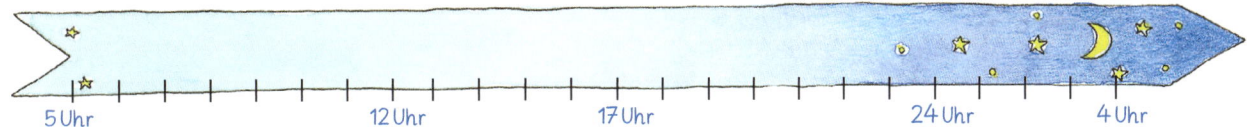

5 Uhr   12 Uhr   17 Uhr   24 Uhr   4 Uhr

★★★ Was kannst du zu welcher Uhr- oder Tageszeit gut? Schreibe ins Heft.

> schlafen • lernen • aufräumen • essen •
> sich konzentrieren • sich ausruhen • denken • …

> Um … Uhr kann ich gut …
> Von … bis … Uhr …
> Am …

D2 60 ★★ Textknacker: Unbekannte Wörter erschließen. Welches Wort passt?
Ordne zu.
★★★ Decke die Wörter im Kasten ab. Suche die passenden Wörter im Text von
Aufgabe D1 im Schülerbuch auf S. 54.

> individuell • durchschnittlich • Biorhythmus • ausreichend • erholsam • abspeichern •
> abweichen • Leistungsfähigkeit • nachlassen • anspruchslos • leisten • regeln • effektiv

1. etwas ist für eine Person typisch und besonders › ....

   ≠ gleich, derselbe

2. die „innere Uhr", › der ....

3. etwas in eine bestimmte Ordnung bringen › ....

4. etwas gut machen, etwas schaffen (Verb) › ....

5. viel leisten können (Nomen) › ....

6. genug › ....

7. man kann sich gut erholen › etwas ist ....

8. wie der Durchschnitt sein › .... sein

9. nicht wie der Durchschnitt sein › vom Durchschnitt ....

10. sehr gut lernen › .... lernen

11. weniger werden › .... ≠ ansteigen

12. nicht schwierig, keinen Anspruch haben › ....

13. sich etwas gut merken, im Kopf behalten › im Gehirn ....

D2 61 ★★ Textknacker: Vertreter und Zusammenhänge.
Welche Wörter findest du im Text von D1 im Schülerbuch für „Wissenschaftler"?
Suche und ergänze.

die Wissenschaftler › ....

....

★ **Wen oder was ersetzen die markierten Wörter? Kreuze an.**

1. Wissenschaftler nennen das den individuellen Biorhythmus. **Er** regelt
   die Ruhe- und Arbeitsphasen und die Leistungsfähigkeit.

   ☐ der Wissenschaftler
   ☐ der Biorhythmus

2. Die Forscher haben durch Untersuchungen an vielen Menschen eine
   durchschnittliche Leistungskurve errechnet. **An dieser** kann man
   gut sehen, dass der Durchschnittsmensch vormittags zwischen 9 und
   12 Uhr am effektivsten arbeitet.

   ☐ an der Leistungskurve
   ☐ an der Uhrzeit

3. Die Forscher haben durch Untersuchungen an vielen Menschen eine
   durchschnittliche Leistungskurve errechnet. [...] **Sie** sagen, dass Schüler zu dieser Tageszeit sehr gut über komplizierte Lösungen nachdenken [...] können.

   ☐ die Forscher
   ☐ die Leistungskurve

4. Abendmenschen dagegen können erst später in der Nacht schlafen
   und [...] nicht so früh aufstehen. **Sie** haben erst am späteren Vormittag ein kleines Leistungshoch.

   ☐ Abendmenschen
   ☐ die Nacht

5. Besonders interessant ist, dass die meisten Jugendlichen den Biorhythmus von Abendmenschen haben. Für **sie** fängt die Schule zu früh an.

   ☐ die meisten Jugendlichen
   ☐ Abendmenschen

★★★ **Wen oder was ersetzen die markierten Wörter? Suche im Text von
Aufgabe D1 im Schülerbuch. Schreibe ins Heft und ergänze.**

1. **Er** regelt die Ruhe- und Arbeitsphasen und die Leistungsfähigkeit.
2. **An dieser** kann man gut sehen, dass der Durchschnittsmensch vormittags effektiv lernt.
3. **Sie** sagen, dass Schüler zu dieser Tageszeit sehr gut (…) nachdenken können.
4. Zu **dieser** Zeit sollte man etwas essen und anspruchslosere Aufgaben erledigen.
5. **Das** passt gut zu unserem Stundenplan.
6. **Sie** haben erst am späteren Vormittag ein kleines Leistungshoch (…).
7. Auch wenn sie **es** gerne möchten, können sie in den ersten Stunden nicht so viel leisten.
8. **Sie** sind überzeugt, dass viele Schüler sich **dann** besser fühlen und bessere Leistungen bringen.

> 1. Er regelt die Ruhe- und Arbeitsphasen und die Leistungsfähigkeit.
>   → der Biorhythmus

★★ **Textknacker: Schaubild. Ben hat ein Schaubild zum Text von Aufgabe D1
erstellt. Ordne die Begriffe zu.**

~~die x-Achse~~ · die y-Achse · sinken/abfallen · der Höhepunkt · der Tiefpunkt · ansteigen/zunehmen

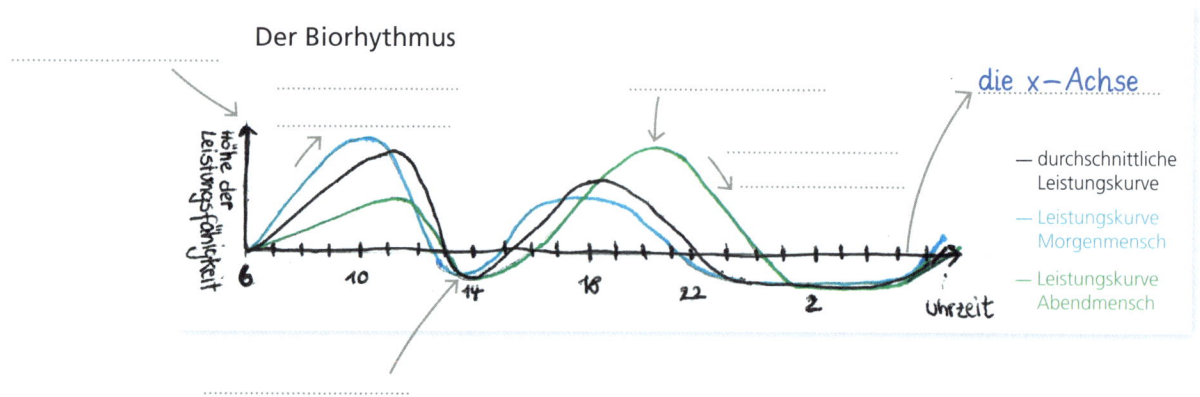

Der Biorhythmus

die x-Achse

— durchschnittliche
   Leistungskurve
— Leistungskurve
   Morgenmensch
— Leistungskurve
   Abendmensch

D2 65 ★★ Suche die Information in der Grafik und ergänze eine Antwort.

1. Welche Farbe hat die Leistungskurve von einem Abendmenschen? › _____

2. Wer kann zwischen 8 und 11 Uhr viel leisten? › _____

 Wer kann dann weniger leisten? › _____

3. Wann ist die Leistung von Abendmenschen am höchsten?

 › _____

D2 66 ★★ Auswertung des Diagramms von Aufgabe 64: Ergänze die Lücken.

★ Die Wörter helfen.

drei • fällt • grüne • hoch • Kurven • die Uhrzeit • Morgenmenschen • y • nicht • schwarze • steigt • Tageszeiten • unterschiedlich • den Biorhythmus

Das ist ein _____diagramm. In dem Diagramm geht es um _____.

Man sieht _____ verschiedene Kurven: Die _____ Kurve ist die durchschnittliche

Leistungskurve. Die blaue Kurve zeigt die Leistung von _____ und die _____

Kurve zeigt die Leistung von Abendmenschen. Die x-Achse gibt _____ an;

die _____-Achse zeigt: So viel kann der Mensch leisten. Diese wichtigen Informationen kann

man aus dem Kurvendiagramm ablesen: 1. Die Leistungskurven sind _____:

Morgenmenschen haben ihr Leistungs_____ am Morgen, Abendmenschen erst am Abend.

Die Leistungskurve von Abendmenschen _____ am Morgen nicht sehr hoch. Das heißt, dass

Abendmenschen morgens _____ so viel leisten können. Man sieht auch, dass die

Leistungskurve von allen Menschen am Mittag stark _____ und einen Tiefpunkt er-

reicht. Zusammenfassung: Menschen können nicht zu allen _____ eine hohe Leistung

zeigen und ihre Leistungshochs sind zu unterschiedlichen Uhrzeiten.

D3 67 ★ Welche Randnotiz passt? Vergleiche mit dem Text von D1 und kreuze an.

Absatz 1 ☐ Manchmal fühlt man sich fit, manchmal nicht.
 ☐ Wissenschaftler haben einen individuellen Biorhythmus.

Absatz 2 ☐ Der Durchschnittsmensch arbeitet am Vormittag am besten.
 ☐ Schüler wollen am Vormittag lange Texte lesen.

Absatz 3 ☐ Beste Leistungen nach dem Mittagstief.
 ☐ Mittags besser einfache Aufgaben machen.

Absatz 4 ☐ Zweites Leistungshoch am Nachmittag.
 ☐ Am Nachmittag am besten Leistungssport.

Absatz 5 ☐ Schlaf ist wichtig, wenn man sich Lernstoff gut merken möchte.
 ☐ Um 22:00 Uhr muss man ins Bett gehen.

Absatz 6 ☐ Es gibt viele Durchschnittsmenschen.
 ☐ Viele Menschen sind anders als der Durchschnitt.

Absatz 7 ☐ Viele Jugendliche können morgens nicht so viel leisten.
 ☐ Viele Jugendliche wollen morgens nicht so viel leisten.

D4 **68** ★ **Aussagen zu einem Text: richtig oder falsch? So kannst du vorgehen.**
Lies das Beispiel. Löse dann allein.

1. Alle Menschen haben <u>denselben Biorhythmus</u>.　1. Lies die Aussage, unterstreiche wichtige Wörter.
　　　　　　　　　　　　　　　　　　　　　　　　2. Suche die passende Textstelle. Unterstreiche wichtige Wörter.

> Zu anderen Tageszeiten ist man eher müde und kann sich nur schlecht konzentrieren. Wissen-
> schaftler nennen das <u>den individuellen Biorhythmus</u>. Er regelt die Ruhe- und Arbeitsphasen und die
> Leistungsfähigkeit.

3. Vergleiche und entscheide: richtig oder falsch?

„individuell" ≠ „denselben" › Die Aussage ist falsch.　　　　☐ richtig　☒ falsch

2. Ein früher Schulbeginn passt gut zum durchschnittlichen Biorhythmus.　☐ richtig　☐ falsch

> Durchschnittsmenschen können also gut vormittags lernen. Das passt zu unserem Stundenplan. Die
> Untersuchungen haben aber auch gezeigt, dass viele Menschen von diesem Durchschnitt abweichen.

3. Sehr viele Jugendliche sind Morgenmenschen.　　　　☐ richtig　☐ falsch

> Besonders interessant ist, dass die meisten Jugendlichen den Biorhythmus von Abendmenschen
> haben. Für sie fängt die Schule zu früh an. [...] sie können noch nicht so viel leisten.

4. Wenn die Schule später beginnt, ist das besser für alle.　　☐ richtig　☐ falsch

> Schon länger fordern Fachleute deshalb, dass die Schule erst nach 9 Uhr beginnt. Sie sind überzeugt,
> dass sich viele Schüler dann viel besser fühlen und auch bessere Leistungen in der Schule bringen.

D4 **69** ★★ **Was ist richtig? Suche im Text von D1 und kreuze an.**

1. Der Text steht　☐ in einem Fachbuch, z.B. im Biologiebuch.　☐ in der Schülerzeitung.

2. Der Autor, Ben Schneider, ist　☐ ein Schüler.　☐ ein Wissenschaftler.

3. Ben Schneider　☐ stimmt den Fachleuten zu.　☐ widerspricht den Fachleuten.

4. Der Autor möchte, dass Schüler　☐ ihre Meinung schreiben.

　　　　　　　　　　　　　　　　　☐ erst um 10 Uhr in die Schule gehen.

D5 **70** ★★ **Mein Biorhythmus: Ergänze Zeitangaben und schreibe einen Text ins Heft.**

> Wochentags stehe ich um ... Uhr auf und gehe um ... Uhr schlafen. Am Wochenende schlafe ich bis ... Uhr
> und schlafe erst ....　Richtig wach und fit fühle ich mich ...
> .... kann ich am besten lernen und mich konzentrieren.　Meine Schule fängt ... an. Für mich ist das zu
> früh / genau richtig / zu spät, denn ...　Ich glaube, ich bin ein ...mensch.

D6 **71** ★★ **Gründe für und Gründe gegen einen späteren Schulbeginn: Sortiere im Heft.**

Ich kann vor 23 Uhr nicht schlafen.　Am Abend lerne ich besser, deshalb gehe ich nicht so früh schlafen.

Ich muss nicht so früh aufstehen.　Ich komme dann auch erst später von der Schule nach Hause.

Ich habe am Nachmittag nicht genug Freizeit, wenn die Schule später beginnt und länger dauert.

Ich stehe gern früh auf.　Meine Eltern gehen auch früh aus dem Haus, weil sie arbeiten müssen.

pro	contra

D7 72 ★ **Lies den Leserbrief noch einmal und ordne zu.**

Beispiel • Einleitung • Meinung • Begründung • Behauptung

Anrede

Lieber Ben,
dein Text „Biorhythmus und Stundenplan – geht das?" im Bleistift Nr. 44 hat mir
gut gefallen. Ich bin dafür, dass der Unterricht erst nach 9 Uhr beginnt.
Jugendliche sind früh am Morgen einfach noch nicht fit, denn ihr Biorhythmus
ist anders. Sie können erst spät einschlafen und wenn sie dann um 7 Uhr oder
noch früher wieder aufstehen müssen, ist das für sie noch mitten in der Nacht.
Komm doch mal um 8 Uhr in unsere Klasse – da sieht man nur müde Gesichter.
Timo, Klasse 9b

D7 73 ★★ **Leserbriefe: Wer ist gegen einen späteren Schulbeginn (–)? Wer dafür (+)? Markiere.**

Liebe Bleistift-Redaktion, meine Meinung zu diesem Thema ist: Lasst den Stundenplan wie er ist. Wenn du morgens noch zu müde für die Schule bist, musst du abends einfach früher schlafen gehen.
Luisa, Klasse 7c

Hallo Ben, ich finde es gut, dass die Schule so früh anfängt. Wenn sie früh anfängt, dann hört sie auch früh auf und dann hat man noch Zeit für andere Sachen. Ich zum Beispiel spiele Fußball in einem Verein und das Training fängt schon um 14:30 Uhr an. Für mich ist es also gut, wenn die Schule um 8 Uhr anfängt und spätestens um 13 Uhr endet.
Aynur, Klasse 6a

Lieber Ben, ich teile deine Meinung. Ich habe gemerkt, dass ich mich viel besser konzentrieren kann, wenn wir erst zur zweiten oder dritten Stunde Schule haben. Ich lerne abends auch viel besser Vokabeln. Ich glaube, dass auch manche Lehrer Abendmenschen sind und einen späteren Schulbeginn besser finden.
Mehmet, Klasse 9b

D8 74 ★ **Zwei Meinungen zum Thema: Was passt zusammen? Sortiere im Heft.**

… weil viele Schüler morgens immer noch sehr müde sind.

Ich bin dagegen, dass die Schule später anfängt.

Unser Englischlehrer ärgert sich immer sehr über uns, weil wir morgens nicht gut mitmachen und uns nicht melden.

Ich bin dafür, dass die Schule später anfängt.

Ich schlafe zum Beispiel gern ein bisschen am Nachmittag, danach fühle ich mich fit.

Es ist gut, dass die Schule früh anfängt, denn …

Ein späterer Schulbeginn ist besser, …

… dann hört die Schule auch früh auf und man hat am Nachmittag Zeit für andere Sachen.

Meinung pro: _____
These: _____
Begründung: _____

Meinung contra: _____
These: _____
Begründung: _____

D8 75 ★ **Suche dir eine Meinung von Aufgabe 74 aus. Schreibe einen Leserbrief ins Heft.**

Hallo Ben,
ich habe deinen Text im Bleistift Nr. 44 gelesen. Du fragst: Ist ein Schulbeginn nach 9 Uhr besser?

Meinung →

These →

Begründung →

dein Name, deine Klasse

E6 76 Textknacker: Unbekannte Wörter erschließen.
★ Nutze die Verbindungslinien. Schreibe die Wörter und die Erklärung ins Heft.
★★ Schreibe die Wörter ins Heft. Suche die passende Erklärung und ergänze sie.
★★★ Schreibe die Wörter ins Heft. Lies im Text von E5 im Schülerbuch auf S. 57 nach und notiere dir eine eigene Erklärung oder Übersetzung.

bewusst

Verhalten

Gedächtnis

Ultrakurzzeit

dauerhaft

Bewegungsabläufe

speichern

eine ultra kurze Zeit, eine sehr, sehr kurze Zeit

Aktivitäten, die man jeden Tag macht

z.B. Informationen oder andere Dinge, die man sich merken will

er löschte, hat gelöscht; hier: nicht mehr speichern, wieder vergessen

wichtig sein, relevant sein

für lange Zeit

etwas, das man macht (hier: z.B. Fahrrad fahren, denken, sprechen, schlafen)

eine Reihenfolge von Bewegungen

hier: sich gut merken, fest im Gedächtnis bleiben

wissen, was man macht ↔ unbewusst

ging über, ist übergegangen, z.B. von einem Ort / Thema zu einem anderen gehen

Fähigkeit des Gehirns, sich Informationen zu merken

nahm wahr, hat wahrgenommen; sehen, fühlen, riechen, schmecken, hören

Informationen, die man gespeichert hat, wieder benutzen

Bedeutung haben

übergehen

löschen

alltägliche Tätigkeiten

abrufen

Lerninhalte

wahrnehmen

E6 77 ★★ Textknacker: Ein Schaubild lesen und verstehen. Ordne zu.

(1) Symbole für Sinnesorgane (Ohr, Auge, Nase, Mund, Hand) und das (2) Gehirn

(3) verschiedene Arten von Gedächtnis   (4) blaue Punkte (= Informationen)

(5) weißer Pfeil (= Infos gehen von einem Gedächtnis ins nächste über)   (6) blauer Pfeil / (7) Mülleimer (= vergessen)

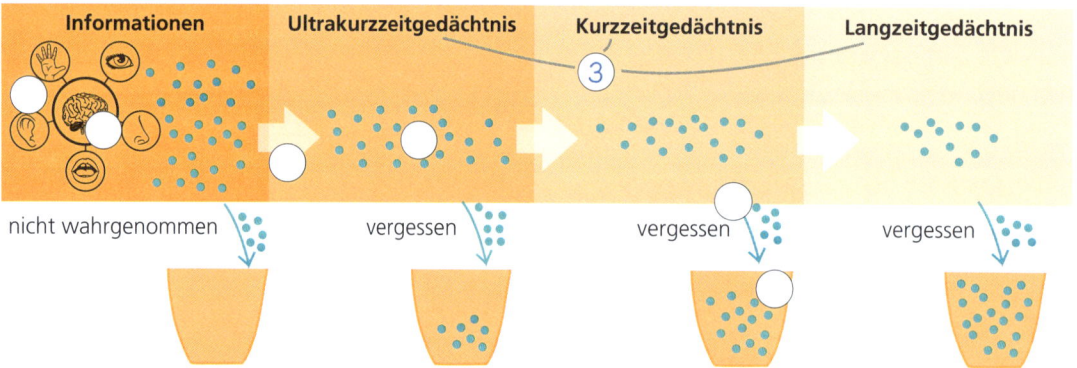

★★★ Ergänze.

Die blauen _____ bedeuten Informationen, die man sieht, riecht etc.

Die _____ Pfeile bedeuten: diese Inhalte / Informationen gehen von einem Gedächtnis ins nächste über.

Die blauen Pfeile und die _____ bedeuten: das sind _____,

die man nicht wahrnimmt oder wieder vergisst. Sie kommen in den „_____".

E6 78 ★★ **Ein Schaubild beschreiben: Suche im Schaubild und ergänze.**
★ **Die Wörter helfen.**

> Auge • Informationen • Informationen • Kurzzeitgedächtnis • Langzeitgedächtnis • nicht • Ohr • wahrnimmt • Ultrakurzzeitgedächtnis • vergisst

Das erste Feld zeigt, dass man _____ über verschiedene Sinnesorgane

wahrnimmt, also mit dem _____ sieht oder dem _____ hört. Man nimmt viele Informa-

tionen wahr, manche aber auch nicht. Informationen, die man nicht _____,

kommen in den „Mülleimer". Das heißt, man merkt sich die Informationen _____.

Die Informationen, die man wahrnimmt, kommen zuerst ins _____.

Ein paar von diesen Informationen _____ man wieder, sie kommen wieder in den

„Mülleimer". Viele von diesen Informationen merkt man sich aber und sie gehen dann ins _____

_____. Im _____ kommen zum

Schluss viel weniger Informationen an, als man am Anfang über die Sinnesorgane aufgenommen hat.

Man sieht in dem Schaubild nicht, welche Art von _____ man vergisst

oder speichert. Das kann man im Text lesen.

E6 79 ★★ **Suchendes Lesen: Finde die Zeitangaben im Text von E5 und notiere.**

> Suche nach der Überschrift, dann nach einer Zeitangabe.

Wie lange ungefähr merkt man sich Inhalte im …

Ultrakurzzeitgedächtnis?   Kurzzeitgedächtnis?   Langzeitgedächtnis?

....

E6 80 ★★ **Suche die Informationen im Text von E5. Notiere im Heft.**

1. Bei welchem Problem hilft das Ultrakurzzeitgedächtnis?
2. Welche Inhalte unterscheidet das Kurzzeitgedächtnis?
3. Welche Inhalte werden im Langzeitgedächtnis gespeichert?
4. Welche zwei Arten von Langzeitgedächtnis gibt es?
5. Wo werden Bewegungsabläufe gespeichert?
6. Was heißt: Bewegungsabläufe „sind uns meist nicht bewusst"?

> Die markierten Wörter sind Schlüsselwörter. Suche sie im Text.

★★★ **Was denkst du: Welches Gedächtnis hilft beim Deutschlernen?**

E6 81 ★★ **Genaues Lesen: Lies den letzten Absatz genau. Was stimmt? Kreuze an.**

1. Lernerfolg haben wir, wenn …
   - ☐ die Lerninhalte im Langzeitgedächtnis sind.   ☐ wir Lerninhalte im Kurzzeitgedächtnis speichern.
2. Für das Verhaltensgedächtnis ist richtig:
   - ☐ Man muss viel üben.   ☐ Man muss gute Übungen machen.
3. Das Wissensgedächtnis speichert am besten …
   - ☐ **für uns** wichtige, lustige, interessante Inhalte.   ☐ lustige Wörter und Geschichten.

E7 82 ★★ **Wie sagt man in deiner Sprache? Vergleicht in der Klasse.**

Übung macht den Meister › _____

★★★ **Verstehst du diese „Weisheiten"? Schreibe eine kurze Erklärung.**

Was Hänschen nicht lernt, lernt Hans nimmermehr.

Wenn man ins Wasser kommt, lernt man schwimmen.

Nomen

die Ablenkung, -en
die Achse, -n
  → die x-Achse
  → die y-Achse
die Bedingung, -en
der Beginn, -e
  → der Anfang, -̈e
der Bewegungsablauf, -̈e
der Biorhythmus
das Diagramm, -e
  → das Kurvendiagramm
das Diktat, -e
der Durchschnitt, -e
die Erklärung, -en
die Fachleute (Pl.)
der Fachtext, -e
das Feld, -er
der Forscher, -
der Frontalunterricht
das Gedächtnis, -se
das Gehirn, -e

das Gesicht, -er
das Hausaufgabenheft, -e
die Heftführung
der Höhepunkt, -e
die Leistung, -en
die Lösung, -en
der Marker, -
die Medien (Pl.)
die Methode, -n
die Note, -n
die Oma, -s
  ↔ der Opa, -s
der Ordner, -
die Ordnung
der Pfeil, -e
die Phase, -n
  → die Ruhephase
  → die Arbeitsphase
die Portion, -en
der Projektunterricht
die Ruhe

die Sauberkeit
das Schaubild, -er
der Schlaf
das Schlüsselwort, -̈er
der Schreibtisch, -e
das Sinnesorgan, -e
das Smartphone, -s
das Tablet, -s
die Tätigkeit, -en
die Technik, -en
der Tiefpunkt, -e
der Typ, -en
der Unterschied, -e
das Verhalten
das Video, -s
die Vokabel, -n
die Vorbereitung, -en
der Vortrag, -̈e
der Witz, -e
die Wohnung, -en
der Zeitplan, -̈e

Wortschatz 1

Noch mehr Wörter – Wortbildung: Ordne zu und schreibe die neu gebildeten Wörter ins Heft. Brauchst du Hilfe? Schlage im Wörterbuch nach.

<del>Kurzzeit-</del> • die Bedingung, -en • das Material, -ien •
die Gruppe, -n • Langzeit- • das Plakat, -e • Ultrakurzzeit- •
die Fähigkeit, -en • das Tief, -s • der Weg, -e • Verhaltens- •
das Hoch, -s • die Form, -en • der Platz, -̈e • die Kurve, -n •
der Sport • der Erfolg, -e • der Inhalt, -e • das Tagebuch, -̈er •
der Tipp, -s • Wissens- • der Stoff, -e

Noch mehr üben?

- Übe mit den Bild-Wort-Karten zu Lektion 10.
- Schreibe *deine* Wörter ins Heft und ergänze eigene wichtige Wörter.
- Ergänze deine Sprache.

Kurzzeit-

das ...gedächtnis

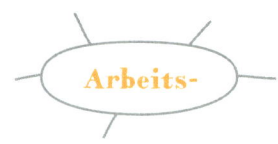

Arbeits-

Leistungs-

Lern-

Verben

abfallen ↔ ansteigen	die Meinung äußern	Ordnung halten	nachlassen
abfragen	auswerten	handeln	regeln
ablenken	begründen	sich helfen	sinken
abnehmen	behalten	herausschreiben	(ab-)speichern
↔ zunehmen	besprechen	sich informieren	sich streiten
abwechseln	einschlafen	kümmern	teilen
abweichen	einteilen	löschen	sich unterhalten
ärgern	in Worte fassen	sich Sorgen machen	unterscheiden
aufteilen	fordern	merken	wahrnehmen
sich ausdenken	führen	sich merken	sich wünschen

Adjektive

alltäglich	dauerhaft	individuell
auditiv	durchschnittlich	kompliziert
ausreichend	effektiv	ordentlich
automatisch	elektronisch	relevant
bequem	erholsam	sinnvoll
bewusst	handelnd	überzeugt
chaotisch	ideal	visuell

Andere Wörter und Wendungen

contra ↔ pro	mitten
dagegen → aber	wochentags
darauf	wofür
dass	woran
dazu	worauf
doch	worüber
insgesamt	wovon

ortschatz 2 **Welche Wörter aus der Liste passen? Schreibe ins Heft.**

Schule	Lernen	Schaubilder	Medien
das Diktat, –e			

ortschatz 3 **Verben: Schreibe zu allen Verben aus der Liste die 3. Person Singular Präsens, Präteritum und Perfekt ins Heft. Schlage im Wörterbuch nach, wenn nötig.**

abfallen: sie fällt ab, sie fiel ab, sie ist abgefallen

ortschatz 4 **Finde die Gegenteile in der Liste. Schreibe auf.**

1. der Höhepunkt – der Tiefpunkt
2. die Ruhephase –
3. speichern –
4. sinken –
5. chaotisch –
6. das Ende –
7. aufwachen –
8. nichts tun –

ortschatz 5 **Wortfamilien: Welche Wörter aus der Liste passen? Schreibe auf.**

1. die Ablenkung – ablenken
2. der Durchschnitt –
3. der Schlaf –
4. der Unterschied –
5. die Ordnung –
6. der Schreibtisch –

★★★ **Finde zu anderen Wörtern aus der Liste Wörter aus ihrer Wortfamilie. Schreibe ins Heft.**

der Beginn – beginnen

Meine Grammatik 10

Grammatik 1 [Reflexive Verben] **In welchen Sätzen ist das Verb reflexiv? Markiere wie im Beispiel.**

1. Ich freue mich auf die Pause. Sie fängt gleich an.
2. Du interessierst dich auch für Tischtennis? Das wusste ich gar nicht.
3. Amer und Abilena diskutieren laut über die Lösung. Wir streiten uns nie.
4. Rashed trifft Aminata in der Stadt. Sie sehen sich auch oft in der Pause.
5. Kadir langweilt sich in Sport, weil er heute nicht mitmachen kann.

Reflexive Verben benutzen ein Reflexivpronomen. Das Reflexivpronomen bezieht sich immer auf das Subjekt im Satz.

Grammatik 2 [Reflexivpronomen] **Ergänze die Reflexivpronomen. Achte auf den Kasus.**

1. Siehst du .... wieder Kochvideos an, Amer?

2. Ihr könnt .... die Bücher in der Bibliothek ausleihen.

3. Ich kann .... heute nicht konzentrieren.

4. Neue Wörter kann .... Sergio gut merken.

5. Ich putze .... die Zähne und wasche ....

6. Wir freuen .... auf die Ferien.

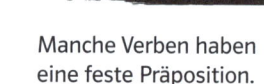

Das Reflexivpronomen kann im Akkusativ oder im Dativ stehen.

	Akk.	Dat.
ich	mich	mir
du	dich	dir
er / sie / es	sich	sich
wir	uns	uns
ihr	euch	euch
sie / Sie	sich	sich

Grammatik 3 [Verben mit festen Präpositionen] **Ergänze die Präpositionen.**

1. Anna interessiert sich .... Lerntipps und Sprachen.

2. Aminata unterhält sich oft .... ihr über Grammatik.

3. Sie streiten dann manchmal .... den richtigen Artikel oder Fall.

4. Aminata ärgert sich .... Anna, weil sie immer alles besser weiß.

5. Heute kann sich Aminata nicht .... den Unterricht konzentrieren.

6. Sie träumt .... Rashed. Sie denkt oft .... ihn und freut sich, wenn sie .... Rashed spricht.

Manche Verben haben eine feste Präposition.

❗ Achte auf den Kasus:
› *an, auf, für, über, um* + Akkusativ
› *bei, mit, von* + Dativ

Grammatik 4 **Was ist richtig? Verbinde mit verschiedenen Farben.**

1. Maja erzählt	um	einem	Umwelt-AG.
2. Die Schüler informieren sich	für	eine	Projekte.
3. Nächste Woche beginnen wir	auf	der	neuen Projekt.
4. Jeder Schüler kümmert sich	über	einen	andere Aufgabe.
5. Frau Langer will sich	von	die	Computerkurs anmelden.
6. Sie kann dann besser	mit	die	Fragen der Schüler antworten.

Grammatik 5 [Fragen mit festen Präpositionen] **Schreibe Fragen mit „Wo(r)…" zu den Sätzen von Aufgabe 4.**

1. Wovon .... erzählt Maja?

2. .... informieren sich die Schüler?

3. .... beginnen wir nächste Woche?

4. .... kümmert sich jeder Schüler?

5. .... meldet sich Frau Langer an?

6. .... kann sie dann besser antworten?

Grammatik 6 [da(r)…] **Markiere die Präposition und das folgende Nomen. Ersetze dann.**

1. ▶ Frau Langer spricht gern über Grammatik.

   ◁ Echt? Ich spreche nicht so gern darüber .

2. ▶ Ich spreche gern mit Anna.

   ◁ Oh ja, _____ _____ spreche ich auch gern.

3. ▶ Wir freuen uns auf die Ferien.   ◁ Wir freuen uns auch _____ .

4. ▶ Denkst du oft an deine Freunde?   ◁ Ja, _____ _____ denke ich jeden Tag.

5. ▶ Linh träumt von Ferien am Meer.   ◁ _____ _____ träume ich auch oft.

> mit *da(r)* + Präposition kannst du bekannte Objekte und Angaben ersetzen.
>
> ! Bei Personen
> › Präposition + Personalpronomen
>   Denke an den Kasus!

Grammatik 7 [Adjektivdeklination: Akkusativ] **Markiere die Endungen. Ergänze dann.**

Artikel	Genus			
	M den Test	**N** das Diktat	**F** die Arbeit	**Pl. M/N/F** die Wörter
best. Artikel	den schweren	das schwere	die schwere	die schweren
unbest. Artikel	einen schweren	ein schweres	eine schwere	schwere
Negativartikel	keinen schweren	kein schweres	keine schwere	keine schweren
Possessivartikel	meinen schweren	mein schweres	meine schwere	meine schweren
ohne Artikel	schweren	schweres	schwere	schwere

1. Amer musste heute ein lang_____ Diktat schreiben. Er hat viele klein_____ Fehler gemacht,

   weil er stark_____ Kopfschmerzen hatte und sich nicht konzentrieren konnte.

2. Wir müssen ein gut_____ Lernplakat erstellen, aber das ist keine leicht_____ Aufgabe!

3. Ich wiederhole den neu_____ Lernstoff nicht alleine. Meine best_____ Freunde helfen mir.

4. Deutsch ist keine leicht_____ Sprache, finde ich. Aber Deutsch macht mir groß_____ Spaß.

Grammatik 8 [dass-Sätze] **Schreibe „dass"-Sätze. Markiere die Verben wie im Beispiel.**

1. Yusup findet: Ordnung ist nicht wichtig.

   Nebensatz, Verb am Ende ↓

   Yusup (findet), dass Ordnung nicht wichtig (ist).

2. Rashed glaubt: Lernen macht Spaß.

   _____

3. Meron weiß: Sie muss Hausaufgaben machen.

   _____

4. William hofft: Er kann sich die Endungen merken.

   _____

☐ kontrolliert _____ Datum, Unterschrift Lehrer/in

Tipps & Tricks 4: Aussprache

T4 1

PARTNER

★ **Der Wortakzent: Lest die Wortpaare laut.**
Markiert die betonte Silbe wie im Beispiel.
Hört dann mehrmals und kontrolliert die Lösung. ▶ 50

1. <mark>Kli</mark>nik – Ge<mark>sund</mark>heit
2. Tablette – Medikament
3. Nase – Geruch
4. Zunge – Geschmack
5. Rücken – Motiv
6. Haut – Metall
7. Körper – Produkt
8. These – Papier

9. Behauptung – Mehrheit
10. Begründung – Umwelt
11. Ereignis– Unfall
12. Zeichen – Symbol
13. Experte – Experiment
14. Versuch – Material
15. Referat – Detail

Kennt ihr die Artikel der Nomen?
Was bedeuten die Wörter?

› Ihr könnt in den Lektionen 8
und 9 nachschlagen.

T4 2

**Wortakzent-Spiel: Lies die Wortpaare laut. In welchem Wort ist die zweite Silbe
betont? Markiere. Verbinde dann die markierten Wörter von 1 bis 15 mit einer
Linie. Was zeigt das Bild?**

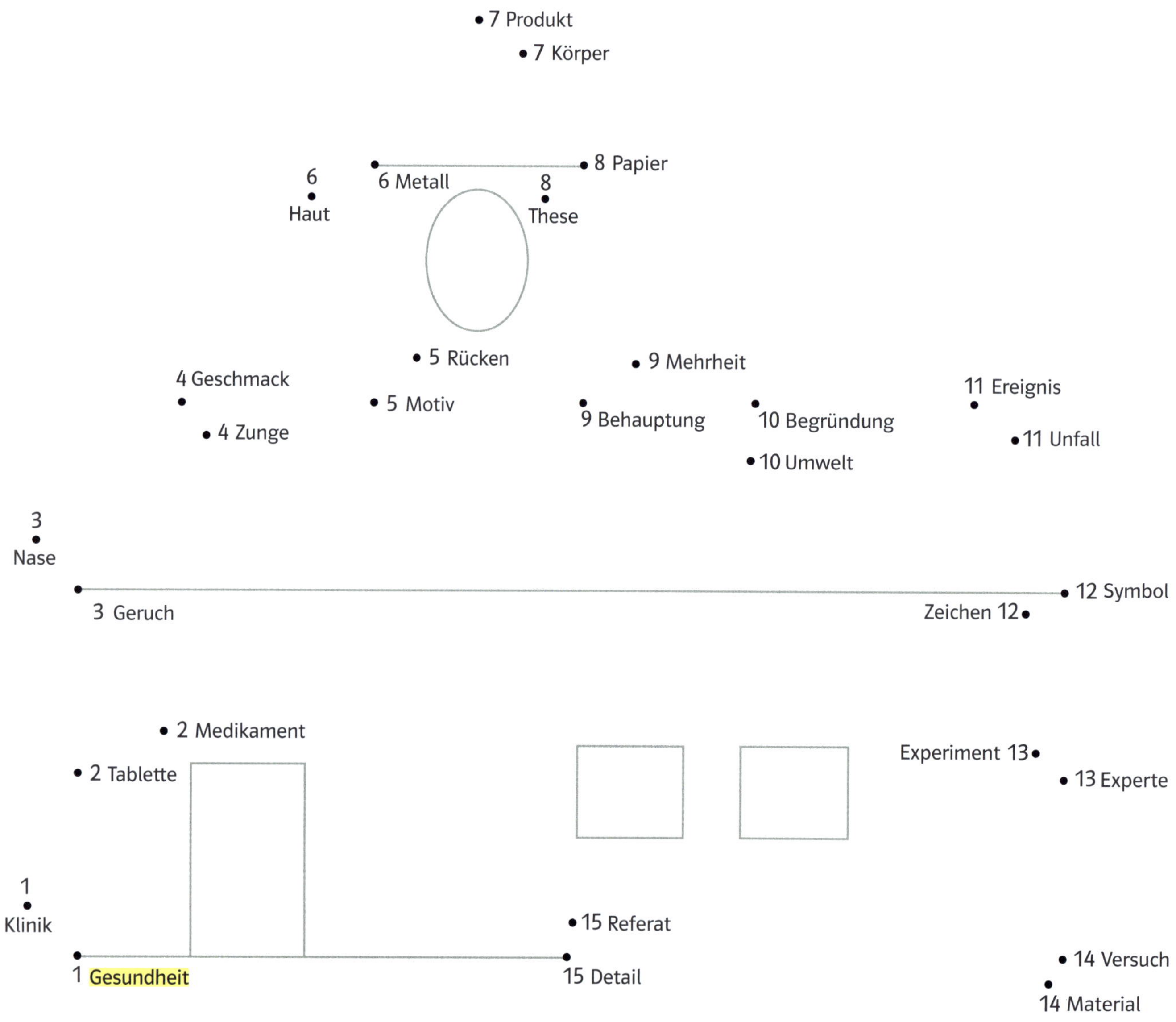

• 7 Produkt
• 7 Körper

6
•
Haut

• 6 Metall

• 8 Papier

8
•
These

• 5 Rücken

• 9 Mehrheit

4 Geschmack
•

• 5 Motiv

9 Behauptung

10 Begründung

11 Ereignis

• 4 Zunge

• 10 Umwelt

• 11 Unfall

3
•
Nase

• 3 Geruch

Zeichen 12 •

• 12 Symbol

• 2 Medikament

• 2 Tablette

Experiment 13 •

• 13 Experte

1
•
Klinik

• 15 Referat

• 1 Gesundheit

15 Detail

• 14 Versuch

14 Material

T4 3

GRUPPE

Hört die Lösung und kontrolliert. ▶ 51
Hört noch einmal und sprecht nach. Lest dann vor und achtet auf den Wortakzent.

T8 4
GRUPPE

Der Satzakzent: Seht das Bild an. Hört die Sätze und markiert den Satzakzent. ▶ 55

1. Setz dich bitte auf den Stuhl.
2. Stell die Tasche neben den Stuhl.
3. Leg die Hefte auf den Tisch.
4. Schreib nicht in das Deutschbuch.
5. Pack das Handy in die Tasche.
6. Wirf das Papier in den Papierkorb.
7. Schlafe nicht im Unterricht.

T8 5
PARTNER

Welche Wörter kann man in den Sätzen noch betonen? Sprecht die Sätze laut und diskutiert. Spielt die Szenen dann.
★★★ Schreibt andere Sätze auf und lest sie vor.
Achtet auf den Satzakzent.

Schreib das Beispiel in dein Heft.

Man betont in Sätzen immer die wichtigen Wörter.

T8 6
PARTNER

Entschuldigungen: Welche Wörter kann man in den beiden Satzteilen betonen?
Sprecht die Sätze laut und diskutiert. Hört die Sätze dann und vergleicht. ▶ 56

Ich sitze auf dem Tisch, weil der Stuhl so schmutzig ist.

Die Tasche liegt auf dem Stuhl, weil ich mein Heft rausholen möchte.

Ich schreibe in das Deutschbuch, weil ich einen Fehler gefunden habe.

Das Papier liegt auf dem Tisch, weil der Papierkorb voll ist.

Ich schlafe im Unterricht, weil ich gestern Nacht so lange gelernt habe.

Ich habe keine Hausaufgaben, weil ich mein Heft vergessen habe.

Ich habe meine Sportsachen nicht dabei, weil ich mich gestern am Fuß verletzt habe.

PARTNER

★★★ Schreibt Entschuldigungen auf und lest sie vor. Achtet auf die Satzakzente.

Entschuldigung!

Ich habe keine Hausaufgaben, weil ....
Ich habe keine Sportsachen dabei, weil ...
Ich komme zu spät, weil ....

Die Satzmelodie: Hört die Witze mehrmals. ▶ 59
Ergänzt Satzzeichen (. / ?) und Melodiepfeile (↗/↘).

Lehrerin: Wer kann mir fünf Tiere
aus Afrika nennen**?** ↘
Schüler: Das kann ich ....
Es sind zwei Löwen und
drei Elefanten ....

Lehrer: 76 % der Schüler aus dieser
Klasse können keine Prozent-
rechnung ....
Schüler: Das kann gar nicht sein ....
Sind wir denn überhaupt so
viele ....

Lehrerin: Wie heißt die Haupt-
stadt von Deutschland ....
Weißt du das ....
Schülerin: Diese Frage haben Sie
mir gestern schon mal ge-
stellt .... Und ich habe
Ihnen doch gesagt, dass
ich es nicht weiß ....

Lehrerin: Wo liegt Amerika ....
Kann mir das jemand auf dem
Globus zeigen ....
Anna: Ich weiß es ....
Amerika liegt
hier ....
Lehrerin: Sehr gut, Anna ....
Und weiß denn auch jemand,
wer Amerika entdeckt hat ....
Alle Schüler: Na klar .... Das war Anna ....

Anna: Warum stellen Lehrer
eigentlich immer so viele
Fragen ....
Ben: Sie wissen die Antworten
selbst nicht .... Deshalb
fragen sie uns ....

Lehrer: Hast du eine Lieblings-
melodie ....
Schülerin: Ja, die Pausenklingel ....

Hört die Witze noch einmal, sprecht leise mit und achtet auf die Satzmelodie. ▶ 59
Lest die Witze dann mit verteilten Rollen vor. Wer kann es am lustigsten?

Ratespiel „Wer ist es?": Spielt und achtet auf die Satzmelodie.

Schreibe den Namen einer Person, die alle aus der Gruppe
kennen, auf einen Zettel. Achtung, niemand darf den Zettel
lesen!
Die anderen stellen reihum Ja/Nein–Fragen mit steigender
Melodie. Wer löst das Rätsel zuerst?
Wer eine falsche Frage stellt oder mit falscher Melodie
spricht, ist raus.

Ist es ein Mädchen?↗   Ja!   Hat es blaue Schuhe an?↗

Ist es groß?↗

T14 · 10 · GRUPPE Lange und kurze Vokale: Hört die Sätze mehrmals und ergänzt die Vokale. ▶ 61
Hört dann noch einmal und markiert lange Vokale (_) und kurze Vokale (.).
★★★ Löst die Aufgabe ohne Hilfe. Hört die Sätze dann erst zur Kontrolle.

1. A̱m .... bend .... ß .... nna S .... new .... ffeln und
   ein p .... r Ban .... nen.

2. L .... rer .... ssen g .... rn l .... ckeren K .... se zum T ....

3. K .... nder tr .... nken z .... mlich v .... l M .... lch.

4. .... nkel .... tto k .... cht .... ne Str .... m.

5. Die K .... m .... sste im J .... li Sch .... lbr .... te fr .... ssen.

6. Die S .... ne des K .... nigs m .... chten zw .... lf Br .... tchen
   .... ssen.

7. Sch .... ler m .... ssen fr .... fr .... st .... cken.

> **!** Doppelvokale (St**aa**t, T**ee**, B**oo**t),
> Vokale + h (fr**üh**) und ie (v**ie**l)
> werden immer kurz gesprochen.
>
> Vokale vor Doppelkonsonanten und
> ck (W**a**ffeln, l**e**cker) werden immer
> kurz gesprochen.
>
> Einfache Vokale können kurz oder
> lang sein, also bitte gut zuhören.
>
> Lernt Wörter immer mit der
> richtigen Vokallänge.

T14 · 11 · PARTNER Lest die Sätze von Aufgabe 10 vor. Achtet auf die Vokale.

T16 · 12 · GRUPPE Konsonantenverbindungen: Was wird gesprochen? Hört zu und markiert. ▶ 64

1. ☐ Der **Text** war so schwierig.
   ☐ Der **Test** war so schwierig.
2. ☐ **Liebst** du Märchen?
   ☐ **Liest** du Märchen?
3. ☐ **Weißt** du viel?
   ☐ **Weinst** du viel?
4. ☐ Welche **Zeile**?
   ☐ Welche **Teile**?
5. ☐ **Montags** oder **dienstags**?
   ☐ **Montag** oder **Dienstag**?
6. ☐ Der **Tee** ist kalt.
   ☐ Der **Zeh** ist kalt.

7. ☐ Hat hier jemand seinen **Knopf** verloren?
   ☐ Hat hier jemand seinen **Kopf** verloren?
8. ☐ Wo ist denn die **Kasse**?
   ☐ Wo ist denn die **Katze**?
9. ☐ Es ist also **nicht** passiert?
   ☐ Es ist also **nichts** passiert?

> **!** Viele Konsonantenverbindungen klingen gleich,
> können aber verschieden geschrieben werden, z.B.
> [ks]: lin**ks**, monta**gs**, Te**x**t, se**chs**
> [ts]: **Z**eile, Ka**tz**e, nich**ts**

T16 · 13 · PARTNER Lest die Lösung von Aufgabe 12 vor. Lest dann beide Varianten.

T17 · 14 Meine Zusammenfassung – Aussprache: Was möchtest du dir merken?
Notiere hier oder im Heft.

Noch mehr Wortschatz üben?

Frage deine Lehrerin / deinen Lehrer nach den Bild-Wort-Karten zu Lektion 11. Übe.

BILD-WORT-KARTEN

A1 1 ★★ **Ein Gitterrätsel: Schreibe die Wörter ins Rätsel. Wie heißt das Lösungswort?**

1. Wenn der Körper spricht, dann ist das …

2. ein intelligentes Handy

3. Das ist ein …

4. Ihn sieht man im Kino oder im Fernsehen.

5. Dieser Junge liest eine …

6. Hier kann man Filme, die Nachrichten, Serien, Interviews, Reportagen, Berichte sehen.

7. … liest man, hat viele Fotos, ist oft zu einem Thema oder für eine bestimmte Gruppe von Personen

8. Das ist eine …

9. Anwendungsprogramm für Computer oder Smartphones, Abkürzung für *application*

10. wenn man eine Person z.B. trifft, hat man persönlichen …

11. Das ist ein …

12. hier kann man Musik, Nachrichten, Interviews, Reportagen, Berichte hören

13. www, im … surfen

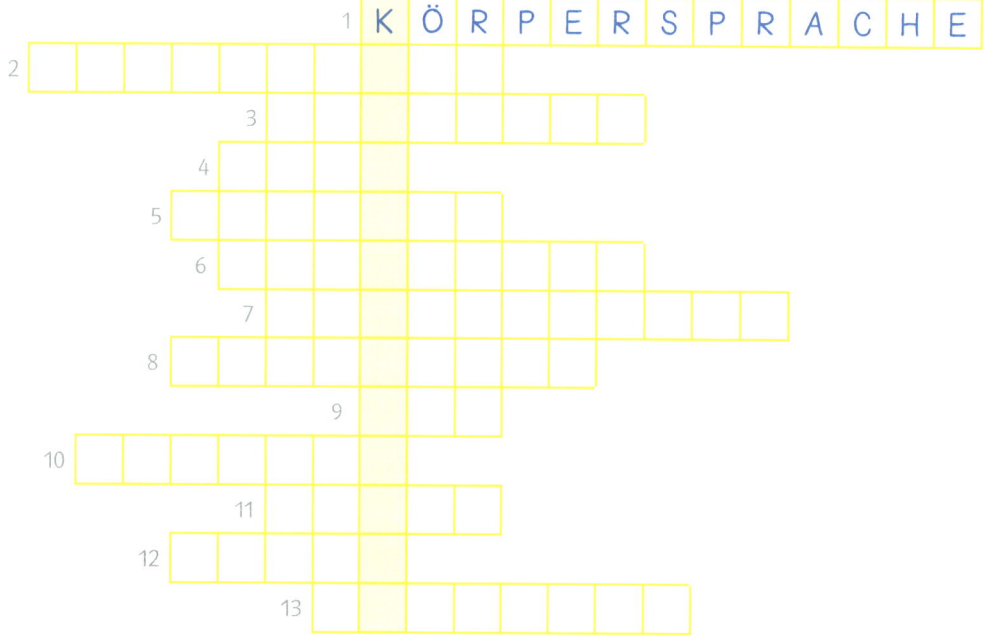

| | 1 | K | Ö | R | P | E | R | S | P | R | A | C | H | E |

A1 2 ★ **Sortiere die Wörter von Aufgabe 1 im Heft.**

der	das	die
		Körpersprache

A1 3 ★★ **Was passt dazu? Schreibe ins Heft. Schlage auch im Wörterbuch nach.**

die Körpersprache — Sprache

der Buchstabe — Schrift

A1 **4** ★★ **Ergänze die Artikelwörter.**

1. Gestern habe ich e_____ neues Smartphone bekommen und lange damit gespielt.

   Ich habe mir auch e_____ neue Vokabel-App heruntergeladen. Auf d_____ Handy von

   Yusup hat sie immer gut funktioniert, aber auf m_____ Handy geht sie nicht.

2. Wir waren gestern im Kino und haben e_____ tollen Film gesehen. Das war d_____ beste

   Film, den ich seit langer Zeit gesehen habe.

3. Mein Vater liest immer d_____ Tageszeitung. Heute hat er mir e_____ interessanten

   Bericht aus d_____ Zeitung vorgelesen. Ich lese lieber d_____ Zeitschriften, die ich in der

   Schulbibliothek ausleihe.

4. M_____ Großeltern haben mir e_____ Postkarte geschickt. Ich schreibe ihnen e_____

   Brief zurück.

A3 **5** ★★ **Ergänze die fehlenden Wörter. Höre dann noch einmal zur Kontrolle.** ▶ 65

> Meine Freunde und _____ Verwandten wissen, _____ ich Postkarten sammle.
> Ich habe schon Postkarten gesammelt, als ich noch _____ Griechenland wohnte.
> Und meiner kleinen Cousine in Griechenland schreibe _____ auch manchmal
> _____ kurze Postkarte, damit sie lesen übt.

> Ich _____ fast immer online. Nicht in _____ Schule, da sind Handys ja verboten. Aber
> Hause bin ich immer online, um meinen Freunden zu schreiben, um Musik zu _____ oder um
> Videos zu _____. Ich mache auch sehr gern Fotos _____ meinem Handy und poste _____.

> Für mich ist _____ Internet ganz wichtig, um mit meiner Familie in Afghanistan in _____
> zu bleiben. Wir sprechen und schreiben _____ verschiedene soziale Netzwerke. Echte Briefe
> _____ in Afghanistan gar nicht _____. Um den Kontakt zu _____ besten
> Freund in den Niederlanden nicht zu verlieren, poste ich Fotos _____ schreibe kurze Nach-
> richten. Als wir mal kein Internet hatten, war das ganz schlimm _____ mich.

> Ich _____ auch ein Handy und surfe _____ Internet. Ich bin _____
> sozialen Netzwerken und _____ auch viele „Freunde" da. Aber am liebsten treffe
> ich _____ mit meinen echten Freunden in der echten Welt.

A3 **6** ★★ **Was passt zu den Wörtern im Kasten? Suche passende Verben in Aufgabe 5. Schreibe ins Heft.**

★★★ **Welche Verben passen noch? Ergänze.**

> Postkarten • Briefe • Nachrichten • Musik •
> Videos • Fotos • in Kontakt • den Kontakt •
> online • im Internet • Freunde

Postkarten: sammeln, schreiben, schicken, ...

A3 **7** ★ **Welche Medien sind wichtig für dich? Welche nicht? Schreibe und begründe im Heft.**

Mein Handy ist wichtig für mich, weil ...
Postkarten sind nicht so wichtig für mich, weil ...

A3 **8** ★★★ **Welche Medien hast du heute schon genutzt? Was hast du damit gemacht? Schreibe ins Heft.**

Ich habe heute schon mein Handy genutzt. Ich habe ....

★ **Was machst du, wenn ...? Schreibe „wenn ..., dann ..."-Sätze ins Heft. Markiere die Verben.**

1. krank sein / meine Freundin anrufen
2. einen Film sehen wollen / den Fernseher anschalten
3. ein Referat vorbereiten / Informationen recherchieren
4. zu spät zu einem Treffen kommen / schnell eine Nachricht schreiben
5. eine Nachricht bekommen / sich freuen

1. Wenn ich krank (bin), dann /rufe) ich meine Freundin (an/.

★★ **Mediennutzung: Welche Präposition ist richtig? Kreuze an.**
★ **Schreibe die Sätze dann richtig ins Heft.**

1. Meron schreibt Referate ☐ mit dem ☐ in dem   Computer.
2. Aktuelle Nachrichten liest Kacper ☐ in der ☐ auf der   Zeitung.
3. ☐ In die ☐ Im   Internet spielt William Online-Spiele.
4. Aminata schreibt kurze Nachrichten an Keying ☐ auf dem ☐ in die   Handy.
5. Die Nachrichten hört Frau Langer gern ☐ über das ☐ im   Radio.
6. Amer liest Nachrichten aus Syrien ☐ in ☐ von   sozialen Netzwerken.

★★ **[Nominalisierte Verben] Markiere die Verben in Aufgabe 10. Ordne dann zu.**

1. Wozu nutzt Meron den Computer?   A Zum Spielen von Online-Spielen.
2. Wozu nutzt Kacper die Zeitung?   B Zum Lesen von aktuellen Nachrichten.
3. Wozu nutzt William das Internet?   C Zum Schreiben von Referaten.

★★★ **Schreibe Fragen und Antworten für die Sätze 4 bis 6 von Aufgabe 10 ins Heft.**

Aus einem Verb kannst du ein Nomen machen.
spielen › das Spielen

❗ Nominalisierte Verben
› schreibt man groß.
› haben den Artikel *das*.

★★ **Formuliere Sätze wie im Beispiel.**

1. das Handy, telefonieren › Ich nutze das Handy zum Telefonieren.

2. das Tablet, spielen › ....

3. das Internet, recherchieren › ....

4. soziale Netzwerke, posten von Fotos › ....

5. mein Deutschbuch, lernen › ....

6. die Pause, essen › ....

★★★ **Wozu nutzt du Medien? Wozu nicht? Schreibe Sätze wie in Aufgabe 12 ins Heft.**

Ich nutze mein Handy nicht zum Telefonieren. Ich nutze mein Handy zum ...

★★ **Groß oder klein? Ergänze die fehlenden Buchstaben.**

1. ....um ....esen ....abe ....ch ....eider ....enig ....eit.

2. ....as ....rammatiklernen ....it ....rau ....anger ....acht ....iel ....paß.

3. ....ch ....chreibe ....ir ....mmer ....ärtchen ....um ....örterlernen.

4. ....as ....otografieren ....n ....er ....chule ....st ....erboten.

5. ....rau ....anger ....rlaubt ....ns ....as ....rinken ....m ....nterricht.

A5 15 **Was ist was in diesem Diagramm? Ordne zu.**

die Quelle • der Titel • der Erscheinungsort/das Erscheinungsjahr • das Kreisdiagramm •
eine Angabe in Prozent • ein Wert • Anzahl der Befragten • ~~die Legende~~

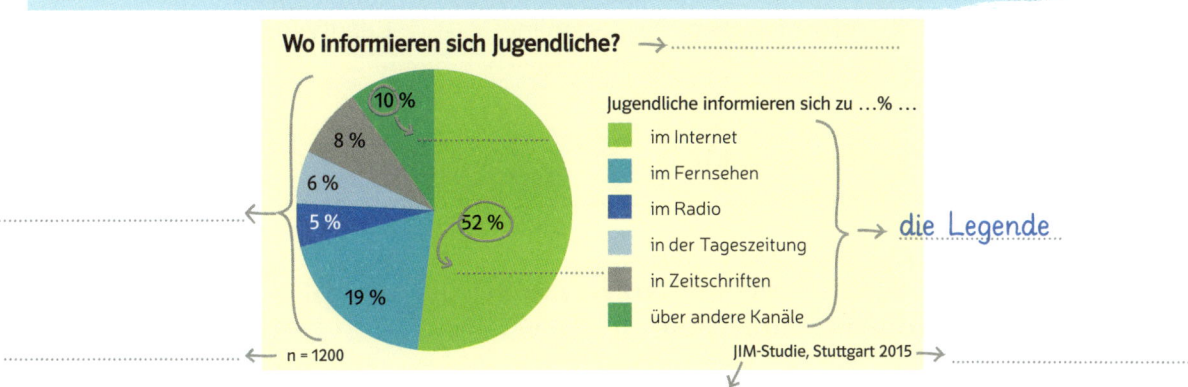

Wo informieren sich Jugendliche? →

Jugendliche informieren sich zu …% …
- im Internet
- im Fernsehen
- im Radio
- in der Tageszeitung
- in Zeitschriften
- über andere Kanäle

→ die Legende

10 % · 8 % · 6 % · 5 % · 19 % · 52 %

← n = 1200   JIM-Studie, Stuttgart 2015 →

A5 16 **Suche die Information im Diagramm von Aufgabe 15 und ergänze den Text.**

★ Das Diagramm hat den Titel: ……………………………………………………………………

Die Quelle ist die ……………………………, das Erscheinungsjahr ist ……………………

und der Erscheinungsort ist …………………. Die Umfrageergebnisse sind als …………

dargestellt. Die Angaben sind in ………………….

Die Legende hat verschiedene Farben und gibt die Informationsquellen von Jugendlichen an. Grau heißt

zum Beispiel: die Jugendliche informieren sich …………………, hellgrün heißt: die Jugend-

lichen informieren sich …………………. Der höchste Wert ist …………… %, die mei-

sten Jugendlichen informieren sich im Internet. 19 % informieren sich …………………, das

ist der zweithöchste Wert. Die wenigsten Jugendlichen, nur ………… %, informieren sich im Radio.

★★ Das …………………… ist zum Thema ……………………

und stammt aus dem Jahr …………………… und wurde in …………………… erstellt.

Die Werte sind in …………………… angegeben. Über …………………… der

Jugendlichen informiert sich im Internet. Die zweitwichtigste Informationsquelle ist das ……………

mit 19 %. 8 % informieren sich in ……………………, 6 % lesen eine ……………………. .

Die wenigsten Jugendlichen, nur ……………………, informieren sich im Radio. Zu welchen

Themen sich die Jugendlichen informieren, erfährt man nicht.

★★★ **Schreibe mithilfe der Stichwörter einen Text in dein Heft.**

Das Thema des Diagramms • stammt aus dem Jahr • sind in Prozent •
… wurden befragt • Die wichtigste Informationsquelle ist …, denn … •
Die unwichtigste Informationsquelle für Jugendliche ist … • …

Das Thema des Diagramms ist:
Wo informieren sich Jugendliche? …

A5 17 **★★ Andere „Informationskanäle": Ergänze die passende Präposition.**

Es kommt immer auf die Frage und Information an. Man kann sich auch hier informieren:

………… den Eltern, ………… der besten Freundin, ………… einem Lehrer oder ………… einer Expertin.

………… der Bibliothek, ………… m Sekretariat, ………… der Arztpraxis oder ………… m Fußballverein.

11B Mit der richtigen Frage …

★★ **Alles Englisch: Wie oft hörst du diese Wörter? Führe eine Strichliste.** ▶ 66

WhatsApp I ....   Snapchat ....   Instagram ....   facebook ....   YouTube ....

Follower ....   Likes ....   Fashion-Blog ....   online ....   Beauty-Tutorials ....

Podcast ....

★★★ **Was ist ein „Influencer"? Erkläre.**

....

★★ **Wozu nutzen die Schüler soziale Netzwerke?**
Unterstreiche alle Sätze mit „um … zu".

Soziale Netzwerke sind super, <u>um Freunde schnell zu informieren.</u> Letzte Woche ist hier in der Schule ein Unfall passiert. Das habe ich gleich gepostet und einen halben Tag später wussten es alle. Die sozialen Netzwerke sind auch praktisch, um mit Freunden, die weiter weg wohnen, in Kontakt zu bleiben. Ich schreibe oft eine Nachricht, um zu zeigen: Ich denke an dich. Ich bin nie in den Netzwerken, um schlechte Kommentare zu schreiben.

Meine Freunde und ich schicken uns Nachrichten, um uns zu verabreden. Oder um zu sagen, dass man später kommt oder so. Wir nutzen soziale Netzwerke nicht, um länger zu sprechen oder um Probleme zu lösen. Das geht persönlich viel besser.

Meine Mutter schickt mir immer Sprachnachrichten, um mich an etwas zu erinnern: Kauf ein! Komm pünktlich! Wo bist du? Das nervt. Ich habe doch keine Nachrichten-App, um mit meiner Mutter zu reden! Aber ich kann meine Mutter ja nicht blockieren … Wir haben eine Klassen-Gruppe, um uns die Hausaufgaben zu schicken oder Fragen zu klären. Das finde ich sehr praktisch.

Ganz viele Jugendliche sind in den Netzwerken, um viele Freunde zu haben. Sie posten viele Fotos und schreiben ganz viel, um alles über ihr Leben zu zeigen. Mir ist das viel zu viel Arbeit. Ich denke auch, dass man nicht immer alles zeigen und erzählen muss. Soziale Netzwerke sind auch nicht gut, um neue oder echte Freunde zu finden, finde ich.

★★★ **Wozu nutzen diese Schüler soziale Netzwerke nicht? Suche und schreibe ins Heft.**

Diese Schüler nutzen soziale Netzwerke nicht, …
um schlechte Kommentare zu schreiben.

★ **Verbinde. Schreibe die Sätze dann im Satzmodell ins Heft.**

1. Die sozialen Medien sind super, um schnell Nachrichten ————————   zu zeigen: Ich denke an dich.
2. Sie sind auch super, um mit weit entfernten Freunden in Kontakt   zu schreiben.
3. Ich schicke schnell mal eine Nachricht, um   zu lösen.
4. Ich benutze eine App, um mich   zu bleiben.
5. Soziale Medien sind nicht so gut, um Probleme   zu verabreden.

1. [Die sozialen Medien] (sind) super, ⋮⋮ um schnell Nachrichten (zu schreiben)

B3 21 ★★ Markiere das Subjekt in den Sätzen. Verbinde die Sätze dann mit „um … zu".

Was? › Wozu? Zweck

1. Du hast einen Kanal bei YouTube. › Du schreibst Kommentare.

Hauptsatz   Satz mit „um … zu"

1. Du hast einen Kanal bei YouTube, um Kommentare zu schreiben.

> Mit *um … zu* + Infinitiv kannst du ein Ziel oder einen Zweck angeben. Das Subjekt steht im Hauptsatz. Mit „wozu?" fragst du nach dem Zweck oder Ziel.

2. Ihr geht am Wochenende ins Kino. › Ihr seht einen Film.

....

3. Wir vermeiden Müll. › Wir schützen die Umwelt.

....

4. Ipek isst Obst. › Sie bleibt gesund.

....

5. Rashed lernt viel. › Er spricht gut Deutsch.

....

B3 22 ★★★ Fragen mit „um … zu": Schreibe die Sätze von Aufgabe 21 als Fragen ins Heft.

1. Hast du einen Kanal bei YouTube, um Kommentare zu schreiben?

B3 23 ★★ Markiere alle „zu" im Text. Ergänze dann den Merkkasten.

Ich drücke auf eine Taste, um den Computer hochzufahren. Ich schreibe mein Passwort, um mich anzumelden. Dann klicke ich auf ein Symbol, um mein Schreibprogramm aufzumachen. Ich benutze ein Schreibprogramm, um mein Referat abzuschreiben. Ich klicke auf „Einfügen", um Fotos einzufügen.

> In *um … zu-Sätzen* mit trennbaren Verben steht *zu*
>
> ....
>
> der Vorsilbe und dem Verb.

B4 24 ★★ Schreibe deine Sätze von Aufgabe 21 und Aufgabe 23 mit dem „um … zu"-Satz auf Position 1.

1   2   Hauptsatz

Um Kommentare zu schreiben, hast du einen Kanal bei YouTube.

B4 25 ★★ Wozu nutzt du …? Schreibe Sätze ins Heft.
★★★ Variiere die Position des Satzes mit „um … zu".

die Pause   das Wörterbuch   ein Fahrrad   einen Computer

ein Glas   einen Rucksack   die Deutschbücher   die Tafel

dein Wörterheft   Farbstifte

B4 **26** ★★ **Was passt? Verbinde. Höre noch einmal zur Kontrolle.** ▶ 67
★★★ **Decke die linke Spalte ab. Schreibe Fragen ins Heft.**

1. Findest   bist du täglich online, um deine Netzwerke zu pflegen?

2. Schickst   du schon schlechte Erfahrungen im Internet gemacht?

3. Hast   du deinen Freunden oft Fotos?

4. Welches   du soziale Netzwerke wichtig?

5. Wie lange   wichtig sind soziale Netzwerke für dich?

6. Wie   soziale Netzwerk nutzt du am häufigsten?

offene Fragen
› W-Fragen
› Fragewort am Anfang

geschlossene Fragen
› Ja/Nein-Fragen
› Verb am Anfang

B4 **27** ★ **Sortiere die Fragen von Aufgabe 26 im Heft.**
★★★ **Welche Fragen kann man noch zum Thema „Nutzung von sozialen Medien" stellen? Ergänze.**

offene Fragen	geschlossene Fragen
Welches ...	

B4 **28** ★★★ **Bereite eine kurze Sprachnachricht für Janina vor. Antworte auf folgende Fragen.**

Wie heißt du? Wie alt bist du? In welche Klasse gehst du? Welche sozialen Netzwerke nutzt du?
Wie lange bist du täglich online, um deine sozialen Netzwerke zu pflegen?
Wie wichtig sind soziale Netzwerke für dich?

B5 **29** ★ **Mit wem spricht Janina? Wie spricht sie die Personen an? Ergänze die Sprechblasen.**

Hallo, ich mache eine Umfrage für das Schulradio:

deine • dich • dich • du • euch • euch • eure • Ihnen • ihr • Ihre • Ihre • Sie • Sie • Sie

Kann ich _____ ein paar Fragen zum Thema soziale Medien stellen? Mein Kollege notiert _____ Antworten. Nutzen _____ soziale Medien?

Darf ich _____ kurz etwas fragen? _____ Antworten nehme ich auf, wenn das okay für _____ ist. Wie lange bist _____ täglich online?

Möchtet _____ bei meiner Umfrage mitmachen? Ich stelle _____ ein paar Fragen zum Thema soziale Medien. Dauert auch nicht lange. Darf ich _____ Antworten aufnehmen? Ist das okay für _____?

Darf ich _____ kurz etwas fragen? Nutzen _____ soziale Netzwerke? Ist es in Ordnung, wenn wir _____ Antworten aufnehmen?

B5 **30** ★ **Formuliere die Fragen von Aufgabe 26 um.**

„Sie"	„ihr"
Finden Sie soziale Netzwerke wichtig?	Findet ihr ...

B6 31 ★ [Adjektive deklinieren: Dativ] Ergänze die Endungen.

Ich mag das Bild mit dem cool......... Jungen. Das Bild mit dem lecker......... Essen gefällt mir. Das Bild

mit der klein......... Schwester finde ich uncool. Das Bild mit den süß......... Katzen

ist toll. Ich finde das Bild mit dem groß......... Bruder lustig. Das Bild mit der leer.........

Sporthalle ist uninteressant. Das Bild mit den müd......... Mitschülern ist peinlich.

> **Adjektive deklinieren: Dativ**
> nach dem bestimmten
> Artikel (dem, der, den)
> › immer -en

B6 32 ★★ Wie gefallen dir diese Fotos? Verteile Sterne von 1 (gar nicht) bis 5 (sehr gut) und ergänze dann den bestimmten Artikel und die Adjektivendungen.

Dem Bild mit dem großen Eisbären und ....

klein......... Jungen mit .... rot......... Jacke und ....

schwer......... Rucksack gebe ich ☆☆☆☆☆.

Dem Bild mit .... zwei cool.........

Musikern, mit .... elektrisch......... Gitarren,

.... braun......... Hut und .... dunkl......... Haaren

in .... groß......... Studio gebe ich ☆☆☆☆☆.

☆☆☆☆☆ für das Bild von

.... schön......... Tänzerin

und .... schön......... Tänzer

mit .... nackt......... Armen

und .... interessant.........

Symbol.

.... blau......... Buchstaben auf ....

klein......... Bild gebe ich ☆☆☆☆☆.

☆☆☆☆☆ bekommt das Bild mit

.... gefährlich......... Drachen und

.... tapfer......... Prinzen.

B6 33 ★★ Lest euch die Sätze vor, rechnet die Sterne zusammen: Welches Bild hat die meisten Sterne bekommen?

B6 34 ★★★ Welches Bild von Aufgabe 32 gefällt dir am besten? Welches am wenigsten? Warum? Schreibe ins Heft.

> Am besten / zweitbesten gefällt mir das Bild mit ..., weil ...
> An der dritten / vorletzten / letzten Stelle ist das Bild von ..., denn ...

B6 35 ★★ Wo ist ...? Schreibe Sätze mit Adjektiven im Dativ.

1. Mädchen, kariertes Hemd / Junge, nett, Pullover blau
2. die Banane / Tisch weiß
3. die Tomate / die Brotdose, schwarz
4. der Junge, schwarze Brille / Mädchen, kariertes Hemd
5. Mädchen, gelber Pulli / Junge, schwarze Haare

> 1. Das Mädchen mit dem karierten Hemd sitzt hinter dem netten Jungen mit dem blauen Pullover.

B7 36 ★★ **Yusup beschreibt sein Handy: Ergänze die Endungen.**

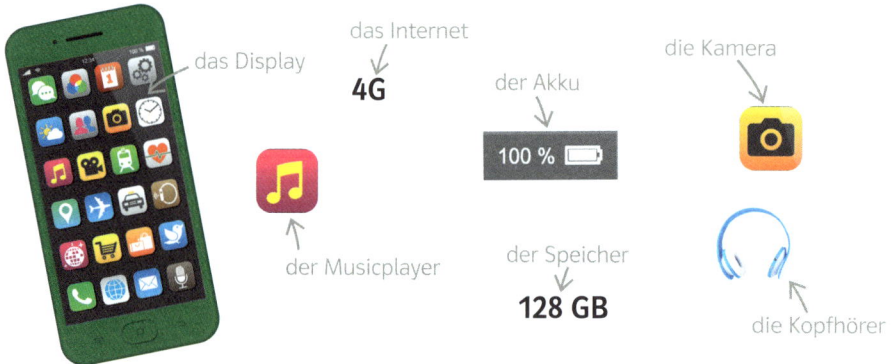

das Display
das Internet
4G
der Akku
100 %
die Kamera
der Musicplayer
der Speicher
128 GB
die Kopfhörer

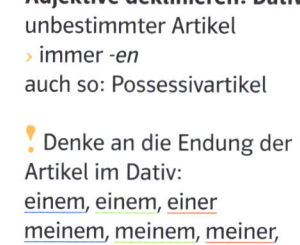

Adjektive deklinieren: Dativ
unbestimmter Artikel
› immer *-en*
auch so: Possessivartikel

❗ Denke an die Endung der Artikel im Dativ:
<u>einem</u>, <u>einem</u>, <u>einer</u>
<u>meinem</u>, <u>meinem</u>, <u>meiner</u>, meinen

Ich habe ein Handy mit ein_____ groß_____ Display, in ein_____ schön_____ Farbe, mit ein_____ gut_____ Kamera, mit vielen nützlich_____ Apps, mit ein_____ schnell_____ Internet, mit ein_____ stark_____ Akku, ein_____ groß_____ Speicher und blau_____ Kopfhörern für mein_____ toll_____ Musicplayer.
Auf mein_____ groß_____ Display kann ich alles gut sehen. Mit mein_____ schnell_____ Internet kann ich ganz schnell Fotos posten oder ich kann sie in mein_____ groß_____ Speicher speichern. In mein_____ klein_____ Pause habe ich ein tolles Foto von mein_____ link_____ Fuß gemacht. Das Foto habe ich sofort mit mein_____ best_____ Freunden geteilt.

B7 37 ★★ **Was möchtest du mit wem machen? Schreibe Sätze wie im Beispiel ins Heft.**

1. mit Popstar, berühmt / in Café, cool, chillen
2. mit Freundin, gut / an Ort, ruhig, sprechen
3. mit Personen aus meinem Land, nett / in Sprache, eigen, sprechen
4. von Sänger, berühmt / bei Konzert, groß, Autogramm bekommen
5. mit Sängerin, talentiert / in Show, international, ein Lied singen

1. Mit einem berühmten Popstar möchte ich in einem coolen Café chillen.
2. Mit einer ... möchte ich ...

B7 38 ★★ **Ein Tagebucheintrag: Markiere die Endungen der Adjektive. Ergänze dann die Tabelle.**

Liebes Tagebuch, was für eine Woche! So viel gemacht!
Mit berühmtem Popstar in coolem Café gechillt. Mit guter Freundin an ruhigem Ort gesprochen. Mit netten Personen aus meinem Land lange in eigener Sprache gesprochen. Von berühmtem Sänger bei großem Konzert ein Autogramm bekommen. Mit talentierter Sängerin in internationaler Show ein Lied gesungen. Toll! Freue mich auf nächste Woche!

Adjektive vor Nomen ohne Artikel: Dativ

best. Artikel im Dativ	M	N	F	Pl.
	d**em**	d**em**	d**er**	d**en**
ohne Artikel	berühmt_____ Popstar	cool_____ Café	talentiert_____ Sängerin	nett_____ Personen

B7 39 ★★ **Erstelle ein Lernplakat für die Adjektivendungen im Dativ wie in Lektion 10, Übungsbuch Aufgabe 58.**

B7 40 ★★★ **Yusup hat sein Handy verloren. Ergänze seine Suchanzeige.**

Handy mit groß_____ Display, in schön_____ Farbe, mit gut_____ Kamera und nützlich_____ Apps, groß_____ Speicher, schnell_____ Internet, stark_____ Akku und blau_____ Kopfhörern verloren. Wer hat mein Handy gefunden? Bitte melden bei Yusup Isayev, Intensivklasse Frau Langer

B9 **41** **GRUPPE** [Aussprache] Reimwörter mit Ich- und Ach-Laut ▷ 70
- Hört zu und achtet auf die Ich- und Ach-Laute.
- Markiert die Ich- und Ach-Laute wie in den Beispielen.
- Hört mehrmals. Sprecht erst mit und dann nach.

Ich-Laut
i**ch** – mi**ch** – di**ch**
ni**ch**t – Li**ch**t – Gewi**ch**t
e**ch**t – schle**ch**t – Re**ch**t
glei**ch** – wei**ch** – rei**ch**

Ach-Laut
schwa**ch** – wa**ch** – Fa**ch**
do**ch** – no**ch** – Ko**ch**
la**ch**en – ma**ch**en – Sa**ch**en
besu**ch**en – versu**ch**en – Ku**ch**en

B9 **42** **GRUPPE** [Aussprache] Mit Ich- und Ach-Laut-Wörtern reimen
- Ergänze die Reimwörter im Gedicht. Markiere alle Ich- und Ach-Laute wie in den Beispielen.
- Hört das Gedicht. Kontrolliert die Lösung und sprecht dann mit. ▷ 71
- Lest das Gedicht vor. Wer kann es gut und ohne Fehler vorlesen?

Das like ich (nicht)

Das Foto von den e**ch**t witzigen Sa**ch**en,

das Foto, auf dem alle so fröhlich .... ,

das Mädchen mit dem frechen Gesicht.

Das Rezept für den Kuchen like ich ....

Ein Like bekommt noch das schöne ....

und auch das Bild von den Gummibärchen.

Und schließlich like ich auch noch .... !

Hallo, ich grüße dich, likest du auch mich?

> Mär**ch**en • ni**ch**t • di**ch** • la**ch**en

> Ich!

B9 **43** **GRUPPE** [Aussprache] Wo spricht man den Ich-Laut? Wo spricht man den Ach-Laut? ▷ 72
Hört die Wörter. Lest still mit und markiert die Ich- und Ach-Laute wie in den Beispielen.
- Ergänzt die Regel.
- Lest die Wörter vor – zuerst die Ich-Laut-Wörter, dann die Ach-Laut-Wörter.

Tö**ch**ter   To**ch**ter   Milch   Becher   Kuchen   Küche   Mittwoch   Nachmittag
Nächte   Licht   Buchstabe   Märchen   Päckchen   Bauch   euch   acht   sechzehn
leicht   manchmal   welcher   vergleichen   suchen

> spricht man als Ich-Laut • spricht man als Ach-Laut

ch ⟨ nach *e, i, ä, ö, ü, ei, eu, l, n, r* und in *-chen* ....
       nach *a, o, u, au* ....

B10 **44** **GRUPPE** [Aussprache] Ich-Theater ▷ 74
- Hört den Dialog und sprecht mit. Achtet auf die Ich- und Ach-Laute.
- Lest zu zweit.
- Spielt den Dialog. Hört erst auf, wenn die anderen klatschen.

Ich bin freundlich! ⟶ Ich auch!
Du nicht! Ich! ⟵ Doch, ich auch!
Ach nein, ich!   Ich!
Nein, ich!   …

Ersetzt „freundlich" durch andere Adjektive,
z.B. reich, frech, fröhlich, …

11C Stress in der Schule

C1 45 ★★ **Lies den Text von Aufgabe C1 im Schülerbuch auf S. 66 noch einmal. Was ist richtig? Kreuze an.**

1. … hat einen Schüler fotografiert.
    a ☐ Eine unbekannte Person
    b ☐ Eine bekannte Person
2. Der Täter hat diese Fotos
    a ☐ ins Internet gestellt.
    b ☐ der Schulleitung gezeigt.
3. Der Schüler, den der Täter fotografiert hat,
    a ☐ freut sich, dass die Fotos im Internet sind.
    b ☐ will nicht, dass die Fotos im Internet sind.

4. An der Schule …
    a ☐ ist Mobbing verboten.
    b ☐ gibt es kein Mobbing.
5. Wenn man Fotos von Personen macht,
    a ☐ darf man sie einfach so ins Netz stellen.
    b ☐ muss man fragen: Darf ich diese Fotos ins Netz stellen?
6. Wenn man Fotos von anderen Personen einfach so ins Netz stellt,
    a ☐ kann man eine Strafe bekommen.
    b ☐ ist das in Ordnung.

C1 46 ★★ **Textknacker: Unbekannte Wörter. Ordne zu.**

1. das Opfer
2. der Täter / die Täterin
3. mit den Konsequenzen rechnen
4. veröffentlichen
5. verdächtigen
6. beschimpfen
7. mobben

denken, dass eine Person etwas gemacht hat
andere beleidigen, ärgern, schlecht über sie reden
eine Person, der etwas Schlechtes passiert
an die Folgen von einer Tat denken, für etwas eine Strafe bekommen
Schimpfwörter zu einer Person sagen
in einem sozialen Netzwerk, der Zeitung …, vielen Leuten zeigen
eine Person, die etwas Schlechtes macht

★★★ **Schreibe Beispiele für die Wörter links.**

> das Opfer: eine Person, der etwas Schlechtes passiert. Zum Beispiel, wenn …

C3 47 **Lies den Text und ergänze die Verben im Präsens. Ergänze dann die Tabelle mit den Verbformen. Das Wörterbuch hilft.**

Die Schulleitung _____ (rufen) Yusup. Yusup kommt in die

Klasse zurück und alle wollen wissen: Warum musste Yusup zur Schulleitung?

Was ist passiert? Aber Yusup sagt nichts. Weil er oft Fotos mit seinem

Handy _____ (machen), _____ (verdächtigen) die Schüler

Yusup, dass er der Cybermobber ist. Einige Schüler _____ (erzählen) falsche Geschichten

über ihn, andere Schüler _____ (beschimpfen) ihn und _____ ihn

_____ (fertig✂machen). Yusups Mitschüler _____ (mobben) ihn.

Niemand _____ (helfen) ihm.

Infinitiv	Präsens	Präteritum	Perfekt
beschimpfen			
erzählen			
fertig✂machen			
helfen		sie half	sie hat holfen
mobben			
rufen			er hat gerufen
verdächtigen			

118

C3 48 ★ [**Passiv Präteritum**] Was passierte Yusup? Schreibe Sätze. Markiere die Verben.

1. zur Schulleitung gerufen › Yusup (wurde) zur Schulleitung (gerufen) ......

2. von vielen geärgert › Yusup ......

3. gemobbt › Yusup ......

4. beschimpft › ......

5. richtig fertiggemacht › ......

C3 49 ★★ Ergänze.

1. Ich .... noch nie .... (mobben).
   Zum Glück!

2. .... du schon einmal zur Schulleitung
   .... (rufen)?

3. Herr Forti .... von einem Schüler ....
   (beschimpfen).

4. Janina .... über die Ereignisse .... (informieren).

5. Es .... schon blöde Geschichten über Frau Langer .... (erzählt).

6. Wir .... für unser Verhalten .... (bestrafen).

7. .... ihr schon einmal .... (mobben)?

8. Unsere Eltern .... zu einem Elternabend .... (einladen).

9. Und Sie, Herr Peters, ... Sie als Kind .... (auslachen)?

Passiv Präteritum
Hilfsverb werden im Präteritum + Partizip II

ich / er / sie / es	wurde		ausgelacht / bestraft /
du	.... est	+	eingeladen / gerufen /
ihr	.... et		informiert / …
wir / sie / Sie	.... en		

C3 50 ★★★ Was passierte Abilena? Notiere dir zuerst das Partizip II der Verben.
Schreibe dann im Passiv Präteritum.

gemeine
Kommentare
über sie
schreiben

peinliche Fotos von Abilena posten

schlecht über
sie sprechen

schlimme
Fotos
schicken

auslachen

Anna und Ipek
helfen ihr

schicken › geschickt: Abilena wurden schlimme Fotos geschickt.

C4 51 ★★ Ergänze die fehlenden Verben. Höre noch einmal zur Kontrolle. ▶ 76

Sag „Stopp!" zum Mob! Leider .... und .... viele Schüler und auch Lehrer
gemobbt. Mach nicht mit! Hilf denen, die gemobbt werden. .... du schon mal gemobbt?
.... Bilder oder peinliche Videos von dir anonym ins Netz gestellt? Oder ....
du von Mitschülern in der Schule beschimpft?

★★★

.... „Stopp!" zum Mob! .... dir Hilfe und .... mit einem guten
Freund, deinen Eltern, einem Lehrer oder einem anderen Erwachsenen. Wenn du lieber erst
einmal anonym mit jemandem .... möchtest, kannst du die Nummer gegen Kummer
..........: 116 111. Unter www.juuport.de .... dir Jugendliche bei Problemen.
Du .... einfach anonym eine Mail schreiben.

Was passiert, immer wenn …? Ordne zu und schreibe wie im Beispiel.

> ~~Wir grüßen.~~ • Wir diskutieren im Klassenrat darüber. •
> Ich helfe ihm. • Ich spreche mit einem guten Freund. • Ich spreche mit ihr.

1. Die Lehrerin kommt in die Klasse. Wir grüßen.

   Immer wenn die Lehrerin in die Klasse kommt, grüßen wir.

2. Ich habe ein Problem mit einer Mitschülerin.

   › ....

3. Ein Mitschüler braucht Hilfe.

   › ....

4. Mir geht es nicht gut.

   › ....

5. Wir haben ein Problem in der Klasse.

   › ....

In welcher Zeitform stehen diese Sätze?

☐ im Präteritum   ☐ im Perfekt   ☐ im Präsens

★★ [Konnektor „als"] **Wann war das? Verbinde und markiere die Verben.**
★ **Schreibe die Sätze dann ins Heft.**

1. Wann ging Yusup zur Schulleitung?	Gleich als er in die Klasse zurückkam.
2. Wann wurden Gerüchte über ihn erzählt?	Als Yusup vom Mobbing erzählt hat.
3. Wann begann das Mobbing?	Als er gerufen wurde.
4. Wann hat Yusups Bruder geholfen?	Als er nichts über das Gespräch sagen wollte.

In welchen Zeitformen stehen diese Sätze?

☐ im Präteritum   ☐ im Perfekt   ☐ im Präsens

als
> leitet einen Nebensatz ein.
> Der Nebensatz nennt ein Ereignis, das zum ersten Mal, nur einmal oder nur eine bestimmte Zeit lang in der Vergangenheit passiert ist.

★★ **Wann war das? Notiere ein Alter oder einen Zeitpunkt. Schreibe dann im Satzmodell.**

1. Wann bis du in diese Schule gekommen? Als ich .... Jahre alt war.

2. Wann hast du zum ersten Mal Deutsch gesprochen? ....

3. Wann hast du dein erstes Handy bekommen? ....

4. Wann hast du dein erstes Buch gelesen? ....

5. Wann hast du deine erste E-Mail geschrieben? ....

Nebensatz ↓   Hauptsatz ↓

1. Als ich [ich] vierzehn Jahre alt (war), (bin) [ich] in diese Schule (gekommen).

★★ **Schreibe die Sätze von Aufgabe 54 noch einmal. Beginne mit dem Hauptsatz.**

1. Ich (bin) in diese Schule (gekommen), als [ich] vierzehn Jahre alt (war).

C7 56 ★★ [Konnektor „(immer) wenn"] Schreibe die Sätze von Aufgabe 52 in der Vergangenheit ins Heft. Markiere die Verben.
★ Die Wörter im Kasten helfen.

> kam • grüßten • hatte • sprach • brauchte • habe … geholfen • ging • habe … gesprochen • hatten • haben … diskutiert

Nebensatz mit *(immer) wenn* und den Verben in einer Vergangenheitsform
› nennt Ereignisse, die immer wieder in der Vergangenheit passiert sind.

In welchen Zeitformen stehen diese Sätze?

☐ im Präsens ☐ im Präteritum ☐ im Perfekt

1. Immer wenn die Lehrerin in die Klasse (kam), (grüßten) wir.

C7 57 ★★ Kommentare aus dem Netz: Ergänzt „immer wenn" oder „als".

_____ ich Yusups Geschichte gehört habe, war ich sehr traurig. Mir ist das auch schon passiert. _____ ich in die Klasse gekommen bin, hat ein Junge gerufen „Achtung: Elefant!". Nur, weil ich dick bin. Aber ich habe mich gewehrt. Und _____ meine Eltern davon gehört haben, sind sie sofort zum Klassenlehrer gegangen.

_____ ich Geschichten über Mobbing höre, ärgere ich mich. Wie kann man nur so gemein sein! _____ ich noch kein Handy hatte, haben sich auch alle über mich lustig gemacht.

Mir ist es ähnlich gegangen, _____ ich mich mit einem Mitschüler gestritten habe. _____ ich online war, habe ich neue falsche Geschichten über mich gefunden. _____ dieser Mitschüler auf eine andere Schule kam, hat das aufgehört.

★★★ Schreibe einen eigenen Kommentar zu Yusups Geschichte ins Heft.

√C8 58 ★★ Stelle Fragen wie im Beispiel. Notiere dann Ideen für deine Antwort.

Was ist passiert, als … Du bist zum ersten Mal in diese Klasse gekommen.

Du hattest Probleme in der Schule.
Du musstest zum ersten Mal Deutsch sprechen.

Du hast deine Hausaufgaben nicht gemacht. Du warst ganz neu in Deutschland.

Du hast zum ersten Mal ohne Nachdenken Deutsch gesprochen.

Frage	mögliche Antworten
Was ist passiert, als du Probleme in der Schule hattest?	habe mit Freunden gesprochen, war traurig

C8 59 ★ Schreibe Sätze mit deinen Notizen von Aufgabe 58.

Als ich Probleme in der Schule hatte, habe ich mit Freunden gesprochen.

★★ Variiere die Position des Hauptsatzes.

Ich habe mit Freunden gesprochen, als ich …

D1 60 Gestik und Mimik: Was sagen die Personen mit dem Körper? Ordne zu.

A

B

D

E

F

G

(A) Das finde ich nicht gut.
Ich will lieber weggehen.

( ) Das ist nicht gut.
Das gefällt mir nicht.
Einfach schlecht!

( ) Nein! Ich will nichts hören.
Ich will dich auch nicht sehen.
Ich bin sauer.

( ) Das habe ich gut gemacht.
Ich freue mich. Super!

( ) Ich will mit dir reden.
Hör mir zu. Sieh mich an.

( ) Was? Echt? Das ist ja unglaublich!
Stimmt das?

( ) Alles gut!

D1 61 ★★ Ergänze die Präpositionen.

> auf • auf • auf • auf • auf • aus • für • für • im •
> im • im • im • im • im • in • in • mit • mit •
> über • über • um • von • zwischen

Wo findest du diesen Text?

Dieser Text steht .... einer Internetseite / .... Internet / .... Deutschbuch.

Wer hat den Text geschrieben?

Der Text wurde .... „Toll" geschrieben. „Toll" geben Nachhilfe .... Schüler. *Sprach-*

training heißt, dass sie .... Leuten Sprachen üben. *Kulturcoaching online* heißt, dass „Toll"

.... Internet auch .... verschiedene Kulturen schreiben. Vielleicht geben sie auch die

Nachhilfe und das Sprachtraining nur .... Internet. Das kann man .... dieser Seite

nicht sehen. Man weiß auch nicht, ... welcher Stadt „Toll" sind.

Unten .... der Seite sind verschiedene Felder, ... die man klicken kann. Wenn man

.... das Feld Impressum klickt, dann erfährt man wahrscheinlich mehr .... „Toll".

Worum geht es .... Text?

.... Text geht es .... Kommunikation. Man sieht auch ein Schaubild, ... dem

man Symbole .... den Sender, den Empfänger, die Nachricht und eine Störung sieht. Eine

wichtige Information .... dem Text ist, dass man auch .... dem Körper und ohne Worte

kommuniziert. Manchmal entstehen Missverständnisse .... Sender und Empfänger.

D1 62 ★★ **Was bedeutet …? Markiere in zwei Farben. Schreibe die Erklärung dann ins Heft.**

Gestik bedeutet: die Bewegungen …

Mimik bedeutet: die Bewegungen …

im Gesicht, z.B.   und der Nase.
von Armen,   und Kopf   vom Körper, z.B.
von den Augen,   Händen   den Augenbrauen

★★★ **Was sagen diese Personen mit ihrem Körper? Schreibe ins Heft.**

D1 63 ★★ **Textknacker: Unbekannte Wörter. Welches Wort passt? Ordne zu.**
★★★ **Decke den Kasten ab. Suche die passenden Wörter im Text von Aufgabe D1 im Schülerbuch auf S. 68.**

anfassen • austauschen • Signal • Empfänger • kommunizieren • kompliziert • Sender

1. Ich gebe dir etwas und du gibst mir etwas. ›

2. Man bekommt etwas, dann ist man der … ›

3. Man schickt etwas, z.B. eine Nachricht, dann ist man der … ›

4. mit den Händen berühren ›

5. ein anderes Wort für Nachricht ›

6. mit einer Person sprechen oder Nachrichten schreiben ›

7. nicht einfach, sondern … ›

D2 64 ★★★ **Richtig (✓) oder falsch (f)? Lies im Text von Aufgabe D1 im Schülerbuch auf S. 68 nach. Korrigiere die falschen Sätze.**

1. Gestik und Mimik gehören zur ~~verbalen~~ *nonverbalen* Kommunikation. *f*

2. Kommunizieren heißt, z.B. miteinander zu sprechen oder sich Nachrichten zu schreiben.

3. Missverständnisse entstehen nur, weil Menschen verschiedene Sprachen sprechen.

4. Kommunikation geht nicht ohne Worte.

5. Die Köpersprache ist in allen Ländern gleich.

6. Wenn man mehr über Körpersprache weiß, dann versteht man sich immer.

D2 65 ★★★ **Kulturspezifisch?! Wie ist das in deinem Land? Wie in Deutschland? Vergleiche. Schreibe ins Heft.**

1. Du möchtest jemanden besuchen. Musst du dich vorher anmelden?
2. Du gehst auf eine Party. Bringst du etwas mit?
3. Du gehst mit Freunden ein Eis essen. Wer bezahlt?
4. Du bist ein Mädchen / Junge. Kann ein Junge / Mädchen dich zu Hause besuchen?

Bei uns ist das so: Wenn man …, dann … •
Das ist unterschiedlich / gleich / ganz verschieden / etwas anders / … •
Das kommt auf … an. • Das weiß ich nicht, denn … / Damit habe ich noch keine Erfahrung.

D3 66 ★★ **Wozu machen die Personen das? Verbinde. Markiere das Subjekt.**

1. ⬚Das Mädchen⬚ zeigt seine Hand.

2. Das Mädchen macht das Zeichen.

3. „Toll" posten ein lustiges Foto.

4. Die Sekretärin macht eine Durchsage.

Die Leser denken: „Die sind cool!"

⬚Der Junge⬚ spricht nicht mehr mit ihm.

Yusup geht zur Schulleitung.

Ihre Freunde sehen: Alles ist super.

D3 67 ★★ [**Konnektor „damit"**]
Verbinde die Sätze von Aufgabe 66 mit „damit".
Schreibe im Satzmodell ins Heft.

Ein Nebensatz mit *damit* gibt einen Zweck an. Der Hauptsatz hat oft ein anderes Subjekt.

1. ⬚Das Mädchen⬚ ⟨zeigt⟩ seine Hand, ┊┊┊ damit ⬚der Junge⬚ nicht mehr mit ihm ⟨spricht⟩.

D3 68 ★ **Welchen Zweck verfolgen die Personen? Ordne zu. Schreibe dann Sätze mit „damit" ins Heft.**

1. Wozu spricht Frau Langer sehr laut?

2. Wozu bringt Amer Waffeln mit?

3. Wozu haben wir den Text gelesen?

4. Wozu zeigt Herr Peters Videos im Unterricht?

5. Wozu macht Janina Interviews?

Damit Frau Langer „damit"-Sätze erklären kann.

Damit die Schüler mehr Spaß am Lernen haben.

Damit wir sie gut verstehen.

Damit wir sie im Schulradio hören können.

Damit Abilena die Waffeln in der Pause essen kann.

1. Frau Langer spricht sehr laut, damit …

D3 69 ★★ **Schreibe die Sätze von Aufgabe 68 mit dem Nebensatz auf Position 1. Markiere Verb und Subjekt.**

Nebensatz auf Position 1   2   Hauptsatz

1. ┊ Damit ⬚wir⬚ sie gut ⟨verstehen⟩, ┊┊┊ ⟨spricht⟩ ⬚Frau Langer⬚ sehr laut.

D3 70 ★★ **Verbinde die Sätze mit „damit" oder „um … zu". Schreibe ins Heft.**
★ **Markiere zuerst das Subjekt in den Sätzen.**

1. ==Du== musst mir die Grammatik erklären. ==Ich== verstehe sie besser.
2. Ich bin viele Stunden im Internet. Ich recherchiere.
3. Anna lernt viel. Sie kommt bald in die Regelklasse.
4. Meine Freundin schickt mir eine Nachricht. Ich treffe sie im Park.
5. Ich bin in sozialen Netzwerken. Alle sehen meine Fotos.

❗ Denke daran:
um … zu-Sätze bildest du, wenn beide Sätze dasselbe Subjekt haben.

D3 71 ★★★ **Wozu schickst du die Emoticons? Male das Emoticon und schreibe Sätze mit „um … zu" oder „damit" und „dass".**

… zeigen, dass …   … klar ist, dass …   … Freunde wissen, dass …

☺ Den lachenden Smiley schicke ich, um zu zeigen, dass …

D5 72 ★ Notiere diese Ideen zu den Fragen von Aufgabe D5 im Schülerbuch. Schreibe ins Heft.

Wer sind die Personen? > Mutter und ...
Wo spielt die Geschichte?
(Wann spielt die Geschichte?)
Was machen die Personen?
Mutter: Tochter:
Was sagen/denken/fühlen die Personen?
Mutter: Tochter:
Was ist das Problem (der Konflikt)?
Was passiert gleich?

Mutter • Tochter • zu Hause • im Wohnzimmer • sitzt auf Sofa, ist wütend, ärgert sich, schimpft • sieht auf ihr Handy, hört nicht zu, will nicht reden • „Was machst du immer mit deinem Handy?" • „Ich will nicht reden." • „Hör auf." • „Ja, ich bin gleich fertig." • geht in ihr Zimmer • am Abend • am Freitag • Tochter will am Handy spielen, Mutter will das nicht • steht vom Sofa auf, nimmt das Handy weg

D5 73 ★★ Ergänze die Fragen mit einem Fragewort.

Warum • Was • Welche • Welche • ~~Welche~~ • Welchen • Wem • Wie • Wie • Wie • Wo • Worüber • Wozu

Welche Beziehung haben die Personen?   .... heißen die Personen?

.... alt sind sie?   .... Kleidung tragen Sie?   .... sieht das Wohnzimmer aus?

.... sind die anderen Familienmitglieder?   .... Adjektive passen zu den Personen?

.... sieht das Mädchen auf das Handy?   .... gehört das Handy?

.... haben die Personen vor einer halben Stunde gemacht?

.... ist das Mädchen so ruhig?   .... ärgert sich die Frau?   .... Beruf hat die Frau?

D5 74 ★★★ Welche Fragen von Aufgabe 73 sind vielleicht relevant für eine gute Geschichte? Wähle aus und ergänze Ideen zu diesen Fragen im Heft.

Welche Beziehung haben die Personen? Mutter und Tochter
Wie heißen die Personen? Marie (die Mutter), Sanna (die Tochter)

D6 75 ★★ Tipps zum Geschichtenschreiben: Ergänze die Lücken.
★★★ Decke den Kasten ab. Suche die fehlenden Informationen im Schaubild von Aufgabe D6 im Schülerbuch.

kurz • Einleitung • Hauptteil • Höhepunkt • Ort • Problem • sagen • Schluss • Überschrift • Zeit

Die .... ist kurz und macht neugierig, sie darf aber nicht zu viel verraten.

In der .... beschreibst du die Personen (Wer?), die in deiner Geschichte mitspielen.

Gib ihnen Namen und erzähle, an welchem .... (Wo?) und zu welcher ....

(Wann?) die Geschichte spielt.

Im .... beschreibst du die Handlung. Was machen die Personen? Welches ....

oder welchen Konflikt haben sie? Beschreibe die Gefühle und Gedanken deiner Personen. Schreibe

in direkter Rede mit Anführungszeichen, was die Personen .... Wenn du Adjektive

benutzt, wird deine Geschichte abwechslungsreicher. Baue Spannung auf bis zum .... ,

damit der Leser neugierig ist und wissen will: Wie endet die Geschichte?

Der .... erzählt, wie die Geschichte endet. Wie wurde das Problem oder der Konflikt

gelöst? Der Schluss ist .... und vielleicht auch überraschend. Oft passiert etwas

anderes, als man gedacht hat.

★★ Erzählperspektive: Wer erzählt die Geschichte? Kreuze an. Markiere die Wörter, an denen du die Erzählperspektive erkannt hast.

Marie   Sanna

ein Erzähler

Es war Freitagabend. Ich saß auf dem Sofa und war wütend. Sanna hatte wie immer ihr Handy in der Hand. „Das kann doch nicht sein!", sagte ich zu meiner Tochter.

☐ Sanna   ☐ Marie   ☐ ein Erzähler

Es ist Freitagabend und wir sitzen im Wohnzimmer.
Meine Mutter ist wütend. Sehr, sehr wütend. So wütend, dass sie wilde Bewegungen mit ihren Händen macht. „Das kann doch nicht sein!", sagt sie. Ich bleibe cool.

☐ Sanna   ☐ Marie   ☐ ein Erzähler

> Eine Person in der Geschichte erzählt › Ich-Perspektive
> Es gibt einen Erzähler, der beschreibt: Das machen die Personen in der Geschichte.
> › Er/Sie-Perspektive

Es war Freitagabend. Marie und Sanna saßen im Wohnzimmer.
Marie war wütend. „Warum hast du noch immer das Handy in der Hand?", fragte sie ihre Tochter.
Sanna blieb cool. Sie hat ihre Mutter schon oft so wütend gesehen. Das war nicht neu.

☐ Sanna   ☐ Marie   ☐ ein Erzähler

★ Welche Sätze passen zu welchem Textteil? Lies und ordne zu. Nummeriere dann die Sätze im Hauptteil in der richtigen Reihenfolge.

> grüne • graue • blaue

Einleitung › _____ Sätze   Hauptteil › _____ Sätze   Schluss › _____ Sätze

(1) Meine Mutter freut sich auf einen schönen Mutter-Tochter-Abend. „Endlich mal Zeit für uns, Zeit zum Reden", sagt sie. Ich weiß, dass sich meine Mutter mit mir unterhalten möchte. Aber ich habe heute keine Lust zu reden. Ich habe eine andere Idee.

Es ist Freitagabend. Meine Mutter Marie und ich sitzen im Wohnzimmer.

○ „Ja, ja …", antworte ich, „ich bin ja gleich fertig." Endlich habe ich es gefunden:

○ „Sanna, was machst du immer mit deinem Handy? Kannst du es nicht einmal weglegen?! Wir wollten uns doch einen schönen Abend machen!"

Die Webseite von unserem Lieblingskino. „Sieh mal Mama, dieser Film ist total cool. Wollen wir den Film zusammen sehen? Wenn wir jetzt losgehen, kommen wir noch pünktlich."

○ Zum Glück habe ich mein Handy. Ich drehe meiner Mutter den Rücken zu und gehe ins Internet. Natürlich gefällt das meiner Mutter nicht. Sie ist wütend. Sie schimpft:

D7 78 ★ Schreibe die Geschichte von Aufgabe 77 in der richtigen Reihenfolge ins Heft.

Es ist Freitagabend. Meine Mutter Marie und ich ...

D7 79 ★★ Welche Überschrift passt zur Geschichte von Aufgabe 77? Kreuze an.
★★★ Ergänze auch eine eigene Überschrift.

☐ Ärger mit Mama   ☐ Freitagabend   ☐ Meine Mutter will reden, ich nicht.

☐ Immer Stress mit dem Handy   ☐ Ein Missverständnis

☐ ....

D7 80 ★★ Lies Frau Langers Kommentare. Korrigiere die Geschichte.

Ich sitze wie jeden Abend mit meiner Mutter im Wohnzimmer. Sanna ist total langweilig. Sie hat zum Glück ihr Handy. Ich drehe meiner Mutter den Rücken zu, damit nicht zu sehen. Denn habe ich ein gut Idee. Aber jetzt ist meine Mutter wütend. Sie sagt: „Sanna, musst du immer mit das blöde Handy spielen?" Ich nicht antworte, weil ich finde gerade etwas Interessantes im Internet. „Antworten Sie mir, wenn ich mit dich spreche!". Ich antwortete: „Ja, ich bin sofort fertig." Mein Mutter ist jetzt sehr, sehr wütend. sie will schreien, aber da ich zeige ihr Handy: „Hier ist ein tolles Onlinespiel, Mama. Wollen zusammen spielen?"

[handschriftliche Kommentare:]
Überschrift?
Erzählperspektive? Ich oder sie! Nicht wechseln.
→ was meinst du? damit meine Mutter das Handy nicht sieht / damit sie mich nicht sieht / um meine Mutter nicht zu sehen ??
→ Dativ!
Dativ! — du-Imperativ
= Präsens
— groß
1 Artikel fehlt
Subjekt fehlt

....
....
....
....
....
....
....

★★★ Schreibe die Geschichte im Präteritum ins Heft. Achtung: Die Zeitform in der direkten Rede ändert sich nicht.

D7 81 ★★★ Ein überraschendes Ende: Wähle ein Ende und schreibe die Geschichte noch einmal. Denke an eine Überschrift.

1. Das Handy gehört der Mutter. Sie möchte es haben, um zu spielen.
2. Die Tochter installiert eine App für die Mutter, weil die Mutter es nicht kann.
3. Die Mutter versteht Emoticons nicht, die Tochter liest ihre Nachrichten und hilft.
4. Es geht nicht um das Handy. Die Mutter ist wütend, weil sie einen Film im Fernsehen sieht.

E1 82 **Eine Suchmaschine: Ordne zu.**

◯ das Suchfeld ◯ die Trefferliste ◯ der Link Ⓔ die Internetadresse

◯ der Suchbegriff ◯ kurze Information zur Seite ◯ der Treffer

Ⓑ

Suchmaschinen für Kinder Ⓐ 🔍

Web Bilder News Videos

Ⓓ

fragFINN – die Suchmaschine für Kinder
https://www.fragfinn.de/ Ⓔ
Ⓒ Kindersuchmaschine und sicherer Surfraum für Kinder bis 12 Jahre. Kinder finden } Ⓕ
nur kindgeeignete und von Medienpädagogen überprüfte Internetseiten.

Alles zum Thema Suchmaschinen für Kinder auf helles-Koepfchen.de
https://www.helles-koepfchen.de Ⓖ
Suchmaschine für Kinder - Die Blinde Kuh ist ein Orientierungs- und Navigations-
system sowie ein Vernetzungsprojekt für Kinder im Internet. Es hilft Jungen und

E1 83 ★ **Textknacker: Unbekannte Wörter. Ordne zu und schreibe ins Heft.**

1. sehr viele, so viele, dass man nicht zählen kann
2. gut für etwas oder jemanden, z.B.: Wasser ist
   gut zum Trinken geeignet.
3. hier: richtig, eine Information ist ..., das heißt:
   Man weiß, dass sie richtig ist.
4. prüfen und sagen: Das ist richtig oder falsch,
   gut oder schlecht, geeignet oder nicht geeignet.
5. von diesem Ort oder dieser Person kommt eine Information
6. glaubhaft, richtig, verlässlich: Die Internetseite ist seriös,
   man kann die Informationen glauben, sie sind richtig.
7. neu, noch nicht alt
8. kurzer Text z.B. auf einer Webseite mit den Namen
   von Autoren, Herausgebern, Redaktion, ...

aktuell
bewerten
geeignet
Impressum
seriös
verlässlich
unzählige
Quelle

E1 84 ★★ **Lies den Text von Aufgabe E1 im Schülerbuch auf S. 70 noch einmal.**
Was ist richtig? Kreuze an.

1. Das Internet ist praktisch, weil …
   a ☐ es sehr viele Informationen gibt.
   b ☐ man sehr viele Seiten ansehen kann.

2. Mit „googeln" meint man, dass man …
   a ☐ nur die Suchmaschine „Google" verwendet.
   b ☐ etwas im Internet recherchiert.

3. Suchmaschinen wie Google zeigen Treffer, die man …
   a ☐ selbst prüfen muss.
   b ☐ nicht prüfen muss.

4. Suchmaschinen für Kinder zeigen Links, die …
   a ☐ schon Erwachsene geprüft haben.
   b ☐ Kinder geschrieben haben.

E6 85 ★ **Welche Diagramme gibt es? Ordne zu.**

Säulendiagramm • Balkendiagramm • Kreis- oder Tortendiagramm • Linien- oder Kurvendiagramm

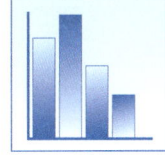 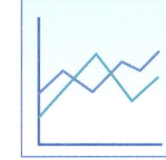 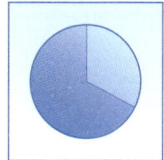 

E6 86 ★★ **Wer informiert sich wo? Macht eine Umfrage in der Klasse, notiert wie im Beispiel.**

Wie informierst du dich hauptsächlich? (*keine* Mehrfachnennung möglich)	Schüler (insgesamt 17)	Schüler (insgesamt ……..)
Internet	⊞⊞ IIII	
Fernsehen	⊞⊞	
Zeitung / Zeitschriften	III	

E6 87 ★★ **Erstelle ein Diagramm aus deinem Umfrageergebnis oder den Werten im Beispiel von Aufgabe 86.**
Verwende ein Tabellenkalkulationsprogramm am Computer.

1. Öffne das Programm und trage die Werte in die Tabelle ein.

	A	B
1	Wie informierst du dich hauptsächlich?	
2	(*keine* Mehrfachnennung möglich)	
3	Anzahl der befragten Schülerinnen und Schüler: 17	
4	**Informationsquelle**	**Anzahl der Schüler**
5	Internet	9
6	Fernsehen	5
7	Zeitung/Zeitschriften	3
8		

2. Markiere mit gedrückter Maustaste die Spalten A–B und die Zeilen 4–7.

3. In welchem Diagrammtyp möchtest du die Werte darstellen?
Klicke unter [Einfügen] auf dieses Diagramm.

4. Gefällt dir die Darstellung so?
Wenn nicht:
– Gehe zurück ↩ und ändere den Diagrammtyp.
– Beim Säulen- oder Balkendiagramm: Klicke auf das Diagramm und probiere dann den Button „Zeile/Spalte wechseln" aus.
– Wenn du möchtest, probiere noch mehr aus: Du kannst zum Beispiel das Diagrammlayout ändern und einen Diagrammtitel eintragen.

5. Speichere dein Dokument.

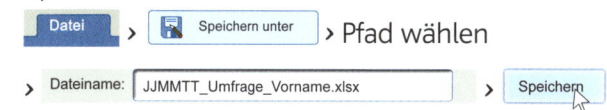

Datei › Speichern unter › Pfad wählen
› Dateiname: JJMMTT_Umfrage_Vorname.xlsx › Speichern

6. Wenn du das fertige Diagramm markierst, kannst du das Diagramm unter „Datei" › „Drucken" ausdrucken.

E6 88 ★★★ **Ein Diagramm beschreiben: Klebe das Diagramm von Aufgabe 87 ins Heft und beschreibe es.**

Es wurden … Schülerinnen und Schüler befragt. •
Die Ergebnisse wurden in einem …diagramm dargestellt. •
Den höchsten Wert erzielte … mit … %. •
Zu … Prozent informieren sich die Befragten in … •
Zusammenfassend kann man sagen, dass …

Wo informierst du dich hauptsächlich?
Zu dieser Frage wurden 17 Schülerinnen und
Schüler befragt und die Ergebnisse in einem

Mein Wortschatz 11

Nomen

die Absicht, -en

die Angabe, -n

die Anzahl, -en

der Aufsatz, ̈e

die Beziehung, -en

die Datei, -en

das Diagramm, -e

   → das Balken–, Kreis–,
     Kurven–, Linien–, Säulen–,
     Tortendiagramm

die Einladung, -en

der Empfänger, -

die Erfahrung, -en

die Erlaubnis, -se

der Erscheinungsort, -e

   → das Erscheinungsjahr, –e

das Fernsehen

der Fernseher, -

die Fernsehsendung, -en

der Gedanke, -n

das Gerücht, -e

das Gespräch, -e

die Gestik → die Geste, –n

die Grafik, -en

der Herausgeber, -

das Impressum, Impressen

die Info, -s

die Kommunikation, -en

der Konflikt, -e

die Konsequenz, -en

der Kontakt, -e

die Körpersprache, -n

das / der Laptop, -s

die Legende, -n

die Mimik, -en

das Missverständnis, -se

das (Cyber-)Mobbing

die Nachhilfe, -n

die Nachrichten (Pl.)

das Opfer, -

das Passwort, ̈er

die Perspektive, -n

   → Erzähl–, Ich–, ...–
     Perspektive

die Postkarte, -n

das Programm, -e

die Quelle, -n

   → die Quellenangabe, –n

   → die Informationsquelle, –n

die Schrift, -en

der Sender, -

das Signal, -e

die Situation, -en

die Spannung

der Stress

die Suche, -n

die Tageszeitung, -en

die Taste, -n

die Tat, -en

der Täter, -

die Toleranz

der / die Verwandte, -n

die Voraussetzung, -en

der Wert, -e

die Zeitschrift, -en

der Zweck, -e

Wortschatz 1

Noch mehr Wörter – Medien: Sortiere die Wörter. Welche Wörter kennst du noch? Schreibe ins Heft und ergänze.

der Akku, -s • die App, -s • die E-Mail, -s • die Internetadresse, -n • die Internetrecherche, -n • die Internetseite, -n • die Kamera, -s • der Link, -s • die Nachricht, -en • das Netz • das soziale Netzwerk, die sozialen Netzwerke • der Speicher, - • der Suchbegriff, -e • das Suchfeld, -er • die Suchmaschine, -n • der Treffer, - • die Trefferliste, -n • das Web • die Webseite, -n

Noch mehr üben?

- Übe mit den Bild-Wort-Karten zu Lektion 11.
- Schreibe *deine* Wörter ins Heft und ergänze eigene wichtige Wörter.
- Ergänze deine Sprache.

das Internet	die Recherche, –n	das Handy, –s/das Tablet, –s
		der Akku, –s

Wortschatz 2

Welche Wörter aus der Liste passen? Schreibe ins Heft.

anschalten   die Datei, –en   das Gespräch, –e   das Gerücht, –e   gemein

Computer   Kommunikation   Mobbing

ansprechen   nonverbal

Verben

(sich) anfassen	einfügen	hochladen	planen
→ (sich) berühren	eingeben	installieren	posten
anschalten	einladen	klären	prüfen
ansprechen	entstehen	klicken	schimpfen
ausdrucken	erfahren	kommunizieren	überfliegen
austauschen	erinnern	liken	sich überlegen
beleidigen	fertigmachen	sich lustig machen	verdächtigen
beschimpfen	festhalten	mitreden	veröffentlichen
bestrafen	zu etw./jmd. gehören	mobben	versprechen
bewerten	herunterladen	nutzen	wechseln
darstellen	hochfahren	pflegen	sich wehren

Adjektive

ähnlich	geeignet	selbstverständlich
aktiv	gemein	seriös
aktuell	intelligent	sicher
anonym	kulturspezifisch	strafbar
beliebt	nonverbal	unhöflich
blöd	peinlich	unzählig
entfernt	praktisch	verbal
fremd	schrecklich	verlässlich

Andere Wörter und Wendungen

allerdings	schließlich
als	tatsächlich
damit	um … zu
hauptsächlich	vermutlich
niemand	(immer) wenn
online	wozu

---

ortschatz 3 **Verben: Schreibe zu allen Verben aus der Liste die 3. Person Singular Präsens, Präteritum und Perfekt ins Heft. Schlage im Wörterbuch nach, wenn nötig.**

anfassen: er fasst an, er fasste an, er hat angefasst

ortschatz 4 **Was machst du am Computer? Schreibe Sätze mit den Verben aus der Liste ins Heft.**

Ich schalte den Computer an. Ich drucke Informationen für ein Referat aus. …

ortschatz 5 **Finde die Gegenteile in der Liste. Schreibe auf.**

1. herunterladen – ....

2. die Mimik – ....

3. mobben – liken

4. nonverbal – ....

5. das Opfer – ....

6. der Sender – ....

ortschatz 6 **Wortfamilien: Welche Wörter aus der Liste passen? Schreibe auf.**

1. die Einladung – einladen

2. die Erfahrung – ....

3. das Gespräch – ....

4. die Kommunikation – ....

5. das Mobbing – ....

6. der Wert – ....

7. die Anzahl – ....

8. bestrafen – ....

★★★ **Finde zu anderen Wörtern aus der Liste Wörter aus ihrer Wortfamilie. Schreibe ins Heft.**

die Angabe – angeben, klären – erklären, …

Grammatik 1 [Passiv Präteritum] **Unterstreiche die Sätze im Passiv Präteritum.**

Yusup wurde von Frau Zimmermann an die Tafel gerufen. Er sollte eine Aufgabe lösen. Die Aufgabe war aber sehr schwer und Yusup machte viele Fehler. Er wurde von einigen Schülern ausgelacht. Das hat Frau Zimmermann gar nicht gefallen. Die Schüler wurden mit einer Extraaufgabe bestraft. Auslachen wird von Frau Zimmermann nicht toleriert.

> Das Passiv Präteritum ist eine Vergangenheitsform für das Passiv. Du bildest es so: *werden* im Präteritum (› *wurde*) + Partizip II.
> ❗ Du musst „wurde" konjugieren, das Partizip II ändert sich nicht.

Grammatik 2 **Ergänze das Passiv Präteritum.**

1. .... du schon mal zur Schulleitung ....? (rufen)

2. Es ist gut, dass die Eltern über das Mobbing .... (informieren)

3. Abilena .... in der Umkleidekabine .... (fotografieren)

4. Die Fotos .... ins Internet .... (stellen)

Grammatik 3 [Adjektivdeklination: Dativ] **Ergänze und markiere die Endungen der Adjektive und Artikelwörter.**

> Im Dativ haben die Adjektive fast immer die Endung *-en*. Achte auf die Dativendung der Artikelwörter!

Artikel	Genus			
	M Freund	**N** Buch	**F** Freundin	**Pl. M/N/F** Freunden
best. Artikel	dem gut**en**	dem gut.....	der gut.....	den gut.....
unbest. Artikel	ein**em** gut.....	einem gut.....	einer gut.....	gut.....
Negativ-artikel	keinem gut.....	keinem gut.....	keiner gut.....	keinen gut.....
Possessiv-artikel	meinem gut.....	meinem gut.....	meiner gut.....	meinen gut.....
ohne Artikel	gut**em**	gut**em**	gut**er**	gut.....

1. Mit mein..... gut..... Freundin Ipek mache ich oft Fotos.

2. Wir mögen Fotos von interessant..... Menschen oder süß..... Tieren.

3. Neben de..... groß..... Eisbären steht ein kleiner Junge mit ein..... roten Jacke.

4. Das ist ein Foto von mein..... klein..... Bruder und sein..... neu..... Freund.

5. Wir haben das Foto in de..... neu..... Bärenhaus im Zoo gemacht.

Grammatik 4 [„um … zu" und „damit"] **Unterstreiche den Hauptsatz. Markiere das Subjekt und das Verb in allen Sätzen.**

1. (Amer) (schreibt) viele Sätze, um die Grammatik (zu üben).

2. Amer schreibt viele Sätze, damit er die Grammatik übt.

3. Amer gibt Frau Langer sein Heft, damit Frau Langer die Sätze korrigiert.

4. Kacper macht eine Pause, um etwas zu essen.

5. Amer bringt Waffeln mit, damit wir etwas essen können.

6. Ich mache die Aufgaben, um die Grammatik zu verstehen.

> Ein Nebensatz mit *um … zu* + Infinitiv oder *damit* gibt den Zweck einer Handlung an.
> Du musst *damit* benutzen, wenn das Subjekt im Hauptsatz und im Nebensatz unterschiedlich ist.

Grammatik 5 **Schreibe die Sätze von Aufgabe 4 mit dem Nebensatz auf Position 1. Markiere die Verben.**

1. Um die Grammatik (zu üben), (schreibt) Amer viele Sätze.

2. ....

3. ....

4. ....

5. ....

Grammatik 6 **[„als" und „(immer) wenn"] Ergänze „als" oder „wenn".**

1. Immer .... Yusup Probleme hatte, hat er mit seinem Bruder gesprochen.

2. .... Frau Schröder gestern krank war, ist der Sportunterricht ausgefallen.

3. Yusup war 10 Jahre alt, ... er sein erstes Handy bekam.

4. Ich habe mich immer gefreut, ... du mir geschrieben hast.

5. Ich habe mich sehr erschreckt, ... ich die Fotos im Internet sah.

6. .... Frau Langer Ipeks Geschichte gelesen hat, musste sie laut lachen.

Nebensätze mit *als* nennen ein Ereignis, das nur einmal in Vergangenheit passiert ist.
Nebensätze mit *(immer) wenn* in der Vergangenheit nennen ein Ereignis, das mehrmals passiert ist.

Grammatik 7 **[Positionen im Satz] Verbinde die Sätze. Markiere die Verben.**

1. Herr Peters kam in die Klasse. Die Schüler waren sofort ruhig.

Immer wenn .... ,

....

2. Ipek durfte ihre Geschichte in der Klasse vorlesen. Ipek hat sich sehr gefreut.

.... ,

als ....

3. Du musst mir dein Heft geben. Ich kann deine Geschichte korrigieren.

.... ,

damit ....

4. Ich war gestern im Supermarkt. Ich habe Meron getroffen.

Als .... ,

....

Grammatik 8 **Welches Wort fehlt? Ergänze.**

Fotografieren · fotografieren · lesen · Lesen · Recherchieren · recherchierst

1. Wo .... Sie aktuelle Nachrichten, Herr Peters?

Brauchen Sie eine Brille zum .... ?

2. Das .... geht mit dem Internet viel schneller. Mit welcher Suchmaschine

.... du am liebsten?

3. In unserer Schule ist das .... verboten, deshalb .... wir dort nie.

☐ kontrolliert .... Datum, Unterschrift Lehrer/in

133

A1 **1** ★ Schreibe die Wörter richtig.
★★ Schreibe die Wörter richtig ins Heft. Ergänze den Artikel und Singular oder Plural, wenn möglich.

1. enoNt › ....

5. fruBe › ....

2. scheührFiner › ....

6. änPle › ....

3. geunZis › ....

7. ussulabSchschl › ....

4. kunZuft › ....

8. mäuTer › ....

★★★ Schreibe die Wörter richtig ins Heft. Ergänze passende Nomen oder Verben.

> die Note, –n: eine Note bekommen, eine Note haben

A2 **2** ★★★ [Infinitivsätze] Markiere die Verben.

   Hauptsatz   Infinitivsatz

1. Anna **hat vor**, Mechanikerin **zu werden**.
   Sie denkt daran, ein Praktikum zu machen.
   Sie kann sich auch vorstellen, in ihr Heimatland zurückzukehren.
2. Amer plant, Koch zu werden.
   Er hat vor, jeden Tag ein neues Rezept auszuprobieren.
3. Ismail wünscht sich, Frisör oder Fußballprofi zu werden.
4. Kacper hat keine Lust, von seinen Plänen zu erzählen.
5. Es ist interessant, über Träume zu sprechen.

> Nach manchen Verben oder Ausdrücken kann man einen Infinitivsatz mit *zu* bilden.
>
> Dazu gehören z.B. diese Verben *vorhaben, sich vorstellen, planen, sich wünschen* und Ausdrücke wie *(keine) Lust haben Es ist schön / schade / gut.*

A3 **3** ★★ Ergänze die Formen von „werden". Höre noch einmal zur Kontrolle. ▷ 78

Ich (werde) in zwei Jahren meine Traumfrau (treffen).

Deine Frau .... natürlich ein Supermodel sein, oder?

Natürlich! Wir .... heiraten, wenn wir 25 sind.

Penelope .... weiter als Model arbeiten und viel Geld verdienen.

Und was .... du machen?

Unsere Hunde und ich .... auf unser großes Haus aufpassen.

Wir .... in einem großen Haus in einer tollen Stadt leben.

Du und eure Hunde? Aha. Wie viele Hunde .... ihr haben?

Mindestens zwei! Und wir .... natürlich Kinder haben. Drei Mädchen, sie ....

Gigi, Cara und Juliane heißen.

★★★ Ergänze auch die Fragen.

Wen .... Kacper heiraten?   Wer .... das Geld verdienen?

In was für einer Stadt .... Kacper und Penelope wohnen?

.... die Hunde Gigi und Cara heißen? Und wer .... Juliane heißen?

A3 4 ★★ [Futur I] Markiere die Verben im Text von Aufgabe 3.
Wie bildet man das Futur I? Ergänze den Merkkasten.

> Mit dem .... kannst du Pläne oder feste Absichten in der Zukunft ausdrücken.
> Das Futur I bildest du so:
> Hilfsverb .... im Präsens + Infinitiv.
> ich ....
> du ....   Infinitiv
>   ↓
> er / sie / es .... bald in die Regelklasse gehen.
> wir ....
> ihr ....
> sie / Sie ....
> Das Futur I kannst du auch benutzen, um Handlungen in der Zukunft auszudrücken.
> Dafür kannst du auch das Präsens und eine Zeitangabe der Zukunft benutzen.
> Wir ==werden== morgen einen Ausflug mit Frau Langer ==machen==. › Wir ==machen== morgen einen Ausflug mit Frau Langer.

A3 5 ★★ Zeitangaben in der Zukunft: Ergänze.   ★ Die Wörter helfen.

> heute • in vier Monaten • übermorgen •
> morgen • in einem Monat • in einer Woche

<u>Heute</u> ist der 14. Juni, ... ist der 15. Juni und .... ist der 16. Juni.

.... ist der 21. Juni und .... ist der 14. Juli.

.... ist der 14. Oktober.

Ergänze die passende (Jahres)Zahl.

Welches Jahr haben wir? .... Nächstes Jahr ist ....

In zwei Jahren ist .... und in zehn Jahren ....

Jetzt bin ich .... Jahre alt. Im Jahr .... werde ich 30 Jahre alt. Mit .... Jahren werde

ich einen Schulabschluss haben. Wenn ich .... Jahre alt werde, dann mache ich eine große Party.

A3 6 ★★ Welche Pläne hat Ipek? Benutze das Futur I und die Zeitangaben.

heute: Englisch lernen / nachmittags: in der Bibliothek arbeiten / früh ins Bett gehen
in zwei Jahren: einen Schulabschluss machen / danach: eine Ausbildung als Fotografin machen /
nicht gleich heiraten
in 15 Jahren: einen Preis als beste Fotografin gewinnen / für verschiedene Zeitschriften fotografieren

<u>Heute wird Ipek Englisch lernen und</u> ....

....

<u>In zwei Jahren</u> ....

....

....

<u>In 15 Jahren</u> ....

....

★★★ Schreibe ins Heft und variiere die Stellung der Zeitangabe.

A4 7 **Pläne in verschiedenen Bereichen: Ordne zu und ergänze eigene Pläne. Schreibe ins Heft.**

heiraten • Kinder haben • die Schule abschließen • eine Ausbildung machen • viel Sport machen • an der Universität studieren • eine eigene Firma gründen • in einer schönen Wohnung wohnen • ein Haus bauen • Single bleiben • in einem anderen Land leben • die Familie in … besuchen • Fahrrad fahren lernen • ein Konzert besuchen • die Traumfrau / den Traummann kennenlernen • …

heiraten

(Familie / Beziehungen)   (Wohnen)   (Freizeit)   (Schule / Beruf)

★★★ **Schreibe auch das Gegenteil ins Heft.**   (nicht) heiraten, (keine) Kinder haben,

A4 8 ★★ **Zukunftspläne: Was wirst du machen? Was nicht? Benutze deine Notizen von Aufgabe 7. Schreibe ins Heft.**

Im Jahr 2040 werde ich … Jahre alt sein. Ich werde als … arbeiten und in … leben. Mit … Jahren werde ich … Meine Frau / Mein Mann / Meine Kinder … Das Haus, in dem ich wohnen werde, wird …/ Die Wohnung, in der ich wohnen werde, wird … Mein Leben wird …

A4 9 ★★★ **Glückskeks-Sprüche: Ergänze ein passendes Verb und schreibe positive Zukunftsprognosen für deine Mitschüler. Ergänze eigene Ideen.**

Glückskeks

Du wirst in 52 Tagen viel Geld gewinnen.

Spruch

gewinnen • verdienen • haben • machen • sein • ~~treffen~~ • werden • …

deine Traumfrau / deinen Traummann **treffen**

viel Geld _____   Glück _____   glücklich _____

den besten Schulabschluss _____   ein berühmter Popstar _____

A5 10 ★ **Welcher Beruf passt? Ordne zu.**
★★ **Ergänze die Berufe ohne Hilfe.**

Frisör • ~~Architekt~~ • Verkäufer • Bibliothekar • Sanitäter • Zahnarzt • Lehrer • Trainer

1. Der Architekt _____ / Die Architektin _____ plant Häuser und andere Gebäude.

2. _____ / _____ arbeitet in einer Bibliothek.

3. _____ / _____ schneidet Haare und macht schöne Frisuren.

4. _____ / _____ arbeitet in der Schule, unterrichtet.

5. _____ / _____ hilft z.B. bei Unfällen.

6. _____ / _____ arbeitet mit Sportlern.

7. _____ / _____ arbeitet in einem Geschäft.

8. Zum _____ / Zur _____ gehst du, wenn du Zahnweh hast.

★★★ **Weitere Berufe: Schreibe Relativsätze ins Heft.**

Busfahrer   **Fotografin**   **Reporter**   Krankenpfleger   **Kfz-Mechatronikerin**   **Sänger**   **Schulleiterin**
Koch   …

Ein Busfahrer ist ein Mann, der Bus fährt.

A5 11 ★★ Schreibe das Verb, das sich in den Berufen versteckt.

1. der Koch › kochen

2. der Trainer ›

3. der Tätowierer ›

4. der Komponist ›

5. der Tänzer ›

6. der Bäcker ›

7. der Betreuer ›

8. der Sänger ›

9. die Verkäuferin ›

10. die Jägerin ›

11. die Forscherin ›

12. die Beraterin ›

13. die Fotografin ›

14. die Schulleiterin ›

A5 12 ★ Schreibe die Formen der Verben von Aufgabe 11 ins Heft. Das Wörterbuch hilft.

Präsens	Präteritum	Perfekt	Futur I
er kocht	er kochte	er hat gekocht	er wird kochen

A7 13 ★★ Ergänze die Adjektive. Ordne dann zu.
★ Aufgabe A7 im Schülerbuch hilft.

höf_____   pünkt_____   geduld_____   kreat_____   zuverläss_____   motivier_____   selbstständ_____

kompeten_____   lern_____   konflikt_____   engagier_____   belast_____   kommunikations_____

1. Kacper grüßt immer und er vergisst auch nie, „Bitte!" zu sagen. Kacper ist sehr _____

2. Ismail hat immer gute Ideen, er kann malen und erstellt schöne Plakate. Er ist _____

3. Frau Langer erklärt gut, sie ist sehr _____ und ärgert sich nicht, wenn die Schüler oft fragen. Sie weiß auch immer eine Antwort, denn sie ist _____.

4. Sergio und Linh sind jetzt immer _____ und kommen nicht mehr zu spät.

5. Keying, Aminata und Kadir halten gerne Referate zusammen. Sie wissen, dass jeder seinen Teil gut vorbereitet und an dem Tag auch zum Unterricht kommt. Alle drei sind sehr _____

6. Anna weiß, dass Deutsch sehr wichtig für ihre Zukunft ist. Sie fragt nach Extraaufgaben und noch mehr Grammatik, denn sie ist sehr _____, noch viel besser zu werden.

7. Janina braucht keine Hilfe für ihre Interviews. Sie kann alles alleine machen, denn sie ist _____

8. Ipek möchte gern noch viele andere Sprachen und interessante Sachen lernen. Sie ist _____

9. Rashed und Kadir streiten sich oft, aber sie sprechen auch über ihre Probleme und können sie lösen. Kadir und Rashed sind _____

10. Frau Langer ist als Lehrerin sehr _____, denn sie kümmert sich gut um ihre Schüler und hilft auch mal bei Problemen.

11. William kann viel arbeiten. Er lernt gut, auch wenn er Stress hat. William ist _____

12. Tuğba hat immer gute Argumente. Sie kann sehr gut mit anderen sprechen, denn sie ist _____

★★★ Welche Adjektive passen zu dir? Warum? Begründe.

Ich bin sehr geduldig, weil ich …

A7 14 ★★ Gegenteil: Schreibe das passende Adjektiv von Aufgabe 13. Ergänze das Gegenteil.

> Du kannst das Gegenteil von Adjektiven immer auch mit nicht bilden: Kacper ist nicht motiviert.

un-

höflich	↔	unhöflich
geduldig	↔	un_____
motiviert	↔	de-/un_____
_____	↔	_____
_____	↔	_____
_____	↔	_____

↔ inkompetent, kann wenig

↔ kommunikationsschwach

↔ ideenlos

↔ kümmert sich um nichts

↔ will nicht lernen, faul

A7 15 ★★★ Deklinieren: Ergänze die Endungen, wo nötig. Denke an den Fall!

1. Kacper ist ein ____ höflich ____ Junge und ein ____ sehr gut ____ Sportler.

2. Ismail ist ein ____ gut ____ Schüler mit kreativ ____ Ideen, der auch gut ____ Noten in Kunst hat.

3. Tuğba ist ein ____ kompetent ____ und kommunikationsstark ____ Mädchen mit gut ____ Deutsch-kenntnissen.

4. Mit eine ____ engagiert ____ und geduldig ____ Lehrerin lernen auch schlecht ____ Schüler gut.

5. Mit pünktlich ____ und lernwillig ____ Schülern ist Herr Peters sehr zufrieden.

6. Ich brauche ein ____ kompetent ____ und geduldig ____ Nachhilfelehrer in Mathe. Welch ____ gut ____ Schülerin oder welch ____ gut ____ Schüler kann mir helfen?

A7 16 ★★ Bilde Nomen.
★ Aufgabe A7 im Schülerbuch hilft.

>
> Nomen mit der Endung -heit, -keit, -ung, -schaft und -tion sind immer feminin. Endet der erste Teil eines Kompositums auf diese Endung, brauchst du ein -s- vor dem zweiten Wort.
> › die Leistung + das Vermögen
> › das Leistungsvermögen

~~die Leistung~~   das Team   Lern   die Kritik
die Durchsetzung   die Organisation   die Fähigkeit
~~die Bereitschaft~~   das Vermögen   das Talent
die Fähigkeit   die Bereitschaft

1. die Leistung + die Bereitschaft › die Leistungsbereitschaft

2. _____ Team + _____ › _____

3. Lern + _____ › _____

4. _____ Kritik + _____ › _____

5. _____ Durchsetzung + _____ › _____

6. _____ Organisation + _____ › _____

★★★ Bilde weitere Komposita und erkläre die Bedeutung.

A7 17 ★★ Welche Eigenschaften und Fähigkeiten brauchst du für deinen Traumberuf? Schreibe ins Heft.

> Mein Traumberuf ist ... Um ... zu werden, muss man ... sein und ... haben

Noch mehr Wortschatz üben?

Frage deine Lehrerin / deinen Lehrer nach den Bild-Wort-Karten zu Lektion 12. Übe.

B1 18

Erfindungen: Was glaubst du?
Wer hat diese „Dinge" erfunden, ein Mann oder eine Frau?
Wann wurden diese „Dinge" erfunden? Ergänze eine Jahreszahl.

der Erfinder

die Computersprache

der Scheibenwischer

der Kindergarten

die Erfindung
erfinden, erfunden, hat erfunden

das Gummibärchen

1. Das Telefon hat   ☐ eine Frau   ☒ ein Mann   erfunden.   1861

2. Die erste Programmiersprache hat   ☐ eine Frau   ☐ ein Mann   erfunden.   ....

3. Die Gummibärchen hat   ☐ eine Frau   ☐ ein Mann   erfunden.   ....

4. Den ersten deutschen Kindergarten hat   ☐ eine Frau   ☐ ein Mann   erfunden.   ....

5. Den Scheibenwischer hat   ☐ eine Frau   ☐ ein Mann   erfunden.   ....

B1 19

★★ Höre das Quiz noch einmal. Hattest du recht? ▷ 79
Korrigiere in Aufgabe 18.

B2 20

★★ Was sollte sein? Ergänze die Verben.
Höre noch einmal zur Kontrolle. ▷ 80

> sollten haben • sollte geben • sollten sein • sollten haben
> ~~Sollte geben~~ • sollten sprechen • sollten haben •
> sprechen sollte • haben sollten • solltest zuhören •
> sollten erklären können • sollten unterrichten

Mit dem Modalverb *sollen* im Konjunktiv II kannst du deine Meinung, einen Wunsch oder Vorschlag ausdrücken. Die Form sieht aus wie das Präteritum:
Es **sollte** mehr Lehrer **geben**.

Du brauchst ein zweites Verb im Infinitiv.

1. (**Sollte**) es mehr Lehrer an unserer Schule (**geben**) ?

2. Ja, es (................) mehr Lehrer an unserer Schule (................).

3. Lehrer (................) laut (................), damit man sie gut versteht.

4. Die Schüler (................) Respekt vor den Lehrern (................).

5. Ich finde, dass wir mehr Lehrer an unserer Schule (................) (................).

6. Wir (................) Respekt vor den Lehrern (................).

7. Lehrer (................) gut (................) (................).

8. Sie (................) fair (................).

9. Es stimmt, dass Frau Blume lauter (................) (................).

10. Aber vielleicht (................) du einfach besser (................).

11. Es (................) mehr gute Lehrerinnen und Lehrer an unserer Schule (................).

12. Wir (................) mehr gute Lehrer wie Herrn Peters und Frau Zimmermann (................).

B2 21 ★★ **Wie macht Amer Hausaufgaben? Wie sollte er Hausaufgaben machen? Ordne zu. Schreibe dann Vorschläge.**

So sollte es sein, so ist es ideal

So ist es

1. Arbeitsplatz ist in Küche › *Der Arbeitsplatz sollte nicht in der Küche sein.*

2. Familie lenkt ihn ab › *Die Familie*

3. hat keine Ruhe › *Amer*

4. ist dunkel › *Der Arbeitsplatz*

5. Heft ist unordentlich › *Sein Heft*

6. vergisst die Bücher in der Schule › *Amer*

★★★ **Wie ist deine Schultasche? Wie sollte sie sein? Schreibe ins Heft.**

B3 22 **Wie sollte es in der idealen Schule sein? Sortiere die Ideen im Heft. Ergänze weitere Ideen.**

pünktlich sein • geduldig sein • respektvoll sein • helfen • andere nicht auslachen • Material mitbringen • zuhören • Müll in den Mülleimer werfen • hell sein • interessant sein • Spaß machen • nicht zu schwer sein

Lehrer	Schüler	Klassenzimmer	Unterricht

B3 23 ★★ **Welche Probleme haben die Personen? Gib ihnen Tipps.**

Meine Schüler hören nicht zu.

Ich möchte Arabisch lernen.

Der CD-Player funktioniert nicht.

Die Arbeitsblätter liegen noch im Lehrerzimmer.

Wir haben keine Kreide mehr.

Ich vergesse oft die Hausaufgaben.

Meine Trinkflasche ist leer.

Ich habe oft Hunger in der Pause.

Ich komme oft zu spät.

Wir können uns nicht konzentrieren.

Wir wollen mehr Sport machen.

Wir streiten uns oft.

Die Aufgabe ist zu schwer für uns!

Mit *sollen* im *Konjunktiv II* kann man auch Tipps geben.

Frau Langer, Sie sollten lauter sprechen.
Sergio, du ...
Rashed und Kadir, ihr ...

★★★ **Schreibe die Tipps wie im Beispiel.**

Ihre Schüler hören nicht zu? Dann sollten Sie lauter sprechen.

B4 24 **Formuliere Fragestellungen mit „sollte" für eine Diskussion. Schreibe ins Heft.**

Schule später anfangen   Schüler Hausaufgaben machen   Schuluniform tragen
Arabisch in der Schule unterrichtet werden   nur vegetarisches Essen in der Cafeteria geben

Sollte die Schule später anfangen?

B4 25 ★ **Wie argumentiert Ismail? Lies noch einmal und ordne zu.**

Fragestellung • Beispiel • Beispiel • Argument contra • Argumente pro • Schlussfolgerung

Sollten Schüler Hausaufgaben machen? ....

Hausaufgaben sind sehr wichtig, weil man so mehr übt. Wenn man Hausaufgaben macht, dann wiederholt man den Lernstoff. Außerdem zeigen
die Hausaufgaben, ob man das Thema verstanden hat. ....
Gestern konnte ich zum Beispiel die Mathehausaufgaben nicht lösen.
Deshalb habe ich heute Frau Zimmermann noch einmal gefragt. Jetzt
habe ich alles verstanden und hoffe, dass die Mathearbeit nächste Woche
gut klappt. ....
Es gibt aber auch Argumente gegen Hausaufgaben. Gegen Hausaufgaben spricht, dass sie oft sehr lange dauern. Dann hat man keine Zeit für
Freunde oder Sport. Letzte Woche saß ich zweimal bis 9 Uhr abends
am Schreibtisch. Ich verstehe also, wenn jemand gegen Hausaufgaben
ist. Aber meiner Meinung nach sprechen mehr Argumente dafür. Und
deshalb finde ich, dass Schüler Hausaufgaben machen sollten.

B4 26 ★★ **Argumente <u>pro</u> und <u>contra</u> Hausaufgaben: Unterstreiche mit zwei Farben.**

Herr Peters

Ich bin für Hausaufgaben. Gut an Hausaufgaben ist, dass die Schüler den Lernstoff wiederholen. So kann ich sehen, ob die Schüler den Stoff verstanden haben.
Außerdem können die Schüler bei mir ihre Noten mit den Hausaufgaben verbes-
sern. Ein Nachteil ist aber, dass manche Schüler oft viel Zeit für die Hausaufgaben brauchen. ....
....

Tuğba

Ich bin gegen Hausaufgaben. Es gibt noch so viele andere Dinge neben der Schule,
die wichtig für Jugendliche sind. Dafür sollten wir mehr Zeit haben. Dazu kommt,
dass ich keine Ruhe zu Hause habe und mich schlecht konzentrieren kann. Es ist
dann sehr schwer, die Hausaufgaben zu machen. Ich kann aber auch die Lehrer
verstehen: Auf Hausaufgaben können sie Noten geben. Und man kann gleich
über Probleme sprechen, wenn man die Hausaufgaben in der Klasse korrigiert.
Aber das kann man auch so im Unterricht machen. ....
....

B4 27 ★★ **Zwei Schlussfolgerungen: Ordne sie den Meinungen von Aufgabe 26 zu.**
★ **Schreibe die beiden Meinungen und Schlussfolgerungen auch ins Heft.**
★★★ **Schreibe die beiden Meinungen ins Heft. Ergänze Beispiele.**

Es gibt Argumente dafür und dagegen, aber ich bleibe bei meiner Meinung: Ich bin gegen Hausaufgaben.

Insgesamt spricht aber mehr für Hausaufgaben. Deshalb bin ich für Hausaufgaben.

B4 28 ★★★ **Stimmst du Herrn Peters oder Tuğba zu? Warum?**
Ergänze noch mindestens ein Argument dafür oder dagegen. Nenne Beispiele
und ziehe eine Schlussfolgerung.

Ich stimme ... zu, denn ...
Es ist richtig, dass ... Aber es stimmt nicht, dass ...
Ein weiterer Nachteil/Vorteil von ... ist ...
Deshalb ist meine Meinung ...

B4 29 ★★ **Wie kannst du das sagen? Sortiere im Heft.**

> Ich finde, … / Meiner Meinung nach … / Meine Meinung ist, dass … •
> Ich bin für … / Ich bin gegen …, weil … • Nicht gut / schlecht an … ist, dass … •
> Für … / Dafür spricht, dass … • Gegen … spricht, dass … • Ein Vorteil an … ist, dass … •
> Ein Nachteil ist, dass … • Gut an … ist, dass … •
> Außerdem … / Dazu kommt, dass … / Ein weiteres Argument dafür/dagegen ist … •
> Ich finde deshalb, dass … • Aus diesem Grund / diesen Gründen finde ich, dass …

Meinung / Position	Argument pro	Argument contra	Weitere Argumente	Schlussfolgerung

B4 30 ★★ **Argumentieren für Hausaufgaben: Ergänze mithilfe von Aufgabe 29.**

………………………… sind Hausaufgaben wichtig. ………………………… Hausaufgaben, weil sie

Spaß machen. …………………………, ………………… man den Lernstoff wiederholt.

………………………… lernt man durch die Hausaufgaben oft interessante Sachen.

…………………………, dass Hausaufgaben oft sehr schwer sind. Wenn ich dann

nicht fragen kann, kann ich die Hausaufgaben nicht machen. Aber das passiert nicht sehr oft.

…………………………, ………………… Hausaufgaben in Ordnung sind.

B4 31 ★★ **Argumentiere gegen Hausaufgaben. Schreibe ein Argument pro und mindestens zwei Argumente dagegen. Ergänze Beispiele und eine Schlussfolgerung.**

B4 32 ★★ **Schuluniform: Was spricht dafür?
Was spricht dagegen?
Markiere in zwei Farben.**

Alle trage dieselbe Kleidung.

Man kann nicht anziehen, was man möchte.

Die Uniform ist hässlich.

Man trägt jeden Tag die gleiche Kleidung.

Man muss morgens nicht lange überlegen, sondern zieht die Uniform an.

Die Uniform sieht gut aus.

Manchmal werden Schüler wegen ihrer Kleidung ausgelacht.

die Krawatte
das Hemd
die Bluse
der Rock
die Strümpfe

B5 33 **Sollten Schüler eine Schuluniform tragen? Baue dein Argument auf. Ergänze Begründungen und Beispiele.**

deine Meinung / Position →	Ich finde, dass ….
Argument für deine Position ⎫ Begründung / Beispiel ⎭ →	Ein Argument für/gegen Schuluniformen ist, dass …
Weitere Argumente für deine Position ⎫ Begründung / Beispiel ⎭ →	Außerdem …
Argumente für die andere Position ⎫ Begründung / Beispiel ⎭ →	Es gibt auch Argumente dafür/dagegen. Ein Argument dafür/dagegen ist … Dazu kommt, dass …
Schlussfolgerung →	Aber ich finde, dass es mehr Vorteile/Nachteile gibt. Deshalb …

B6 34 ★ [Konjunktiv II „sein" und „haben"] **Ergänze die Formen.**

	sein	haben
ich	wäre	hätt____
du	____st	____est
er / sie / es	____e	____e
wir	____en	____en
ihr	____t	hätte____
sie / Sie	wär____	____en

Der Konjunktiv II drückt aus, dass etwas nicht real oder nicht möglich oder nur ein Wunsch ist.
Ich bin 15. Ich **wäre** gern 25.
Ich habe Schule. Ich **hätte** gern frei.

Der Konjunktiv II für *sein* und *haben* leitet sich vom Präteritum ab.
du warst › du w**ä**rst
er hatte › er h**ä**tte

Achte auf die Personalendung.

B6 35 ★★ **Was wären oder hätten die Personen lieber? Schreibe im Konjunktiv II. Markiere die Verben.**

1. Ich (bin) ein schlechter Schüler › Ich (wäre) lieber ein guter Schüler.

   Ich habe keine Nachhilfe. › Ich _____ gern Nachhilfe.

2. Du bist nicht sportlich › Du _____ gern sportlich.

   Du hast wenig Sportunterricht. › _____ lieber viel Sportunterricht.

3. Mein Bruder ist klein. › _____ lieber groß.

4. Meine Schwester hat kein Fahrrad. › Sie _____

5. Wir sind zu Hause. › _____ lieber im Kino.

6. Wir haben viele Hausaufgaben. › _____ lieber keine Hausaufgaben.

7. Ihr seid krank. › _____ gern gesund.

   Ihr habt Kopfschmerzen. › _____ lieber keine Kopfschmerzen.

8. Meine Eltern sind in der Schule. › _____ lieber nicht in der Schule.

9. Sie haben einen Termin bei Frau Langer. › _____ lieber keinen Termin bei Frau Langer.

★★★ Schreibe weitere Sätze im Konjunktiv II.

Frau Langer: ist 43 Jahre alt, lieber 30 / hat Auto, lieber gutes Fahrrad /
ist Lehrerin, hat keinen anderen Beruf lieber
Kacper: 15 Jahre alt, lieber 18 / Mathe, lieber Pause / kurze Haare, lange Haare / höflich, lieber cool
Wir: haben Deutsch, lieber Sport / Jugendliche, lieber schon Erwachsene / …

B6 36 ★★ [Konjunktiv II andere Verben] **Wovon träumt Linh? Schreibe Sätze im Konjunktiv II.**

alles anders machen als meine Mutter
interessanten Beruf lernen
Chefin werden   viel Geld verdienen
erst mit 35 Jahren heiraten

Den Konjunktiv II für die meisten Verben bildet man so:

Konjunktiv II von *werden*

würd- + Personalendung + Infinitiv
ich / er / sie / es w**ü**rd**e** lieber Eis essen
du w**ü**rd**est** lieber Eis essen
wir w**ü**rd**en** lieber Eis essen
ihr w**ü**rd**et** lieber Eis essen
sie / Sie w**ü**rd**en** lieber Eis essen

Ich würde alles anders machen als meine Mutter. Ich …

★★★ Schreibe auch …

• für die dritte Person Singular.   *Linh würde …   Sie würde …*
• Fragen für „du".   *Würdest du …?*

B6 **37** ★ **Ein perfekter Tag: Was würdest du machen?**
Ergänze die Verben im Konjunktiv II.

Ich <u>hätte</u> (haben) ganz viel Zeit. Ich <u>würde</u> spät <u>aufstehen</u> (aufstehen) und dann ....

ich meine Freunde .... (treffen). Wir .... ein leckeres Frühstück im Park

.... (machen). Das Wetter .... (sein) natürlich sehr schön und die Sonne

.... warm .... (scheinen). Mein Freund Ismail .... einen Fußball

.... (mitbringen) und wir .... ein bisschen .... (kicken).

Rashed .... vielleicht auf seiner Gitarre .... (spielen) und Ipek

dazu .... (singen). Das .... (sein) schön. Am Nachmittag …

★★ **Schreibe im Heft weiter.**

Film im Kino sehen / ein Eis essen / ganzen Tag nicht an die Schule denken / vielleicht abends auf
eine Party gehen / erst ganz spät schlafen / etwas Schönes träumen

★★★ **Langweilig? Dann erfinde deinen eigenen perfekten Tag. Was würdest du**
machen? Schreibe ins Heft.

B7 **38** ★★ **[Konjunktiv II Modalverben] Ergänze.**

1. ▶ Ich habe die Grammatik verstanden. Ich k**ö**nn**te** dir helfen,

   wenn du m......cht........ .

   ◀ Ich m......cht........ gern, aber ich habe keine Zeit. K........nnt........ du

   mir die Aufgabe morgen erklären?

   ▶ Klar, wir k........nnt........ uns morgen Nachmittag treffen.

2. ▶ Rashed s........llt........ sich anstrengen, dann k........nnt........ er in die
   Regelklasse.

   ◀ Ja, wenn er w........llt........ , dann k........nnt........ er das machen.

3. ▶ Wenn ich d........rft........ , würde ich sehr gern noch eine Waffel essen. K........nnt........ Sie mir bitte

   noch eine Waffel geben, Frau Langer?

4. ▶ Wenn du w........llt........ , k........nnt........ du viel besser aussehen. Du m........sst........ dir nur mal die Haare

   schneiden! Und du d........rft........ nicht immer nur die Jeans und das grüne T-Shirt anziehen.

   ◀ D........rft........ ich dir auch einen Tipp geben? Du m........sst........ einfach mal deine Tipps für dich

   behalten! Dann k........nnt........ ich dich viel besser leiden.

5. ▶ Frau Langer, d........rft........ wir heute die Gruppenarbeit wieder draußen machen? Das Wetter ist

   so schön. Wir k........nnt........ die Stifte und das Papier mitnehmen.

   ◀ Leute, ihr m........sst........ leiser sein. Dann k........nnt........ ihr viel öfter draußen im Schulhof eine

   Gruppenarbeit machen. So geht das nicht.

> Der Konjunktiv II für die Modalverben
> ist von der Form im Präteritum abgeleitet:
> › *können, müssen* und *dürfen* + Umlaut:
>   du konntest › du k**ö**nnt**est**
>   er musste › er m**ü**sst**e**
>   wir durften › wir d**ü**rft**en**
>
> › *sollen, wollen* ohne Umlaut
>   ihr solltet › ihr s**o**llt**et**
>   ich wollte › ich w**o**llt**e**
>
> › *möchten* ist der Konjunktiv II von *mögen*
>   Möchten Sie ein Eis?

B7 **39** ★ **Höflich antworten. Ergänze.**

Nein • gern • Vielen • bin • brauche • Ja

.... Dank!   Natürlich, das mache ich ...., ..., klar.

Oh, Entschuldigung. Ich .... schon leise. ...., tut mir leid. Das .... ich selbst.

B11 40 **[Aussprache] Höfliches Fragespiel**

GRUPPE

> Schreibt Nomen für Schulsachen und persönliche Gegenstände auf Zettel. Jeder zieht einen Zettel und fragt sehr höflich andere Personen in der Klasse. Achtet dabei auf die Melodie. Nach drei Minuten vergleicht ihr: Wer hat die meisten Gegenstände bekommen?

| Heft | Stift | Pausenbrot | Schuh | Jacke | Deutschbuch |
| Lineal | Radiergummi | Taschentuch | Schlüssel | Uhr | ... |

Dürfte ich mir bitte mal dein **Deutsch**buch leihen? ↗   Könntest du mir bitte mal deinen **Stift** geben? ↗

Würdest du mir bitte mal deinen **Radier**gummi geben? ↗

B12 41 **[Aussprache] Sprechen mit Gefühl** ▶ 85

GRUPPE

- **Hört zu und sprecht leise mit.**
- **Hört noch einmal und sprecht nach. Achtet auf die Sprechweise, sprecht mit Mimik und Gestik.**

😴 Langweilig! Das ist langweilig. Das ist so langweilig!   🥹 Traurig! Wirklich traurig! Das ist aber wirklich traurig!

😱 Gefährlich! Das ist gefährlich! Das ist wirklich gefährlich!   😠 Blöd! Das ist total blöd! Blöd, doof und ärgerlich!

😊 Schön! Das ist total schön! Das ist wirklich wunderschön!

B12 42 **[Aussprache] Wie klingt der Satz?** ▶ 86

GRUPPE

- **Der Satz wird dreimal gesprochen. Hört und kreuzt an: Wie klingt der Satz?**
- **Hört noch einmal und kontrolliert eure Lösung. Sprecht dann nach.**

Wir müssen jeden Tag Hausaufgaben machen.

	😴 langweilig	😠 ärgerlich	😊 schön
1			
2			
3			

B12 43 **[Aussprache] Das möchte ich (nicht) werden!**

GRUPPE

- **Hört die Berufe und kreuzt an: Möchte die Person das werden?** ▶ 87
- **Spiel: Schreibt die Berufe auf Zettel und verteilt sie. Jeder liest seinen Zettel vor. Die anderen achten auf die Sprechweise und raten: Möchte die Person das werden oder nicht?**

	Frisör	Koch	Ingenieurin	Mechanikerin	Sänger	Fotograf	Ärztin	Busfahrer
Das möchte ich werden.								
Das möchte ich nicht werden.								

der Frisör / die Frisörin

12 C Wunsch oder Wirklichkeit?

C1 44 **Folgen: Was passiert dann?**
Ordne zu und schreibe „wenn …, dann …"-Sätze ins Heft.

1. Das Wetter ist schön.
2. Kacper macht keine Hausaufgaben.
3. Es regnet.
4. Du hast keine Sportsachen dabei.
5. Ihr schreibt einen Test.

Du kannst nicht am Sportunterricht teilnehmen.
Wir können nicht ins Schwimmbad gehen.
Wir gehen ins Schwimmbad.
Ihr lernt vorher für den Test.
Frau Langer schimpft.

1. Wenn das Wetter schön ist, dann …

C2 45 **★★ Wunsch oder Wirklichkeit?**
Ergänze die Verben.

> regnen würde • regnet • geht • würde gehen • wäre •
> ist • wäre • ist • hat • hätte • läuft • würden hören •
> laufen würde • würde liegen • würde gehen • liegt • geht •
> hätten • haben • können • könnten • müssten • müssen

die Wirklichkeit, real

Das Wetter .... schlecht. Es .... Nick .... nicht ins Schwimmbad.

ein Wunsch, irreal

Wenn das Wetter schön .... und es nicht ...., dann .... Nick ins Schwimmbad ....

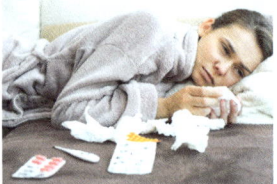

Samira .... krank. Sie .... Fieber. Ihre Nase .... Sie .... auf dem Sofa und .... nicht in die Schule.

Wenn Samira nicht krank ...., wenn sie kein Fieber .... und ihre Nase nicht ...., dann .... sie in die Schule .... und sie .... nicht auf dem Dofa ....

Wir .... viel lernen, deshalb .... wir keine Zeit. Wir .... nichts anderes machen.

Wenn wir nicht lernen ...., dann .... wir Zeit. Wir .... etwas anderes machen. Wir .... Musik ....

★★★ Schreibe weiter im Heft: Wenn wir Zeit hätten, …

C3 46 ★★ [Irreale Bedingungssätze] Verbinde. Schreibe dann ins Heft. Markiere die Verben.

Wenn   dann

ich schon 18 Jahre alt	wäre	könnte	ich arbeiten.
ich arbeiten	dürfte	würde	ich etwas Geld verdienen.
ich besser Deutsch	sprechen würde ,	wäre	du mir nicht bei den Aufgaben helfen.
ich keine Freunde	hätte	würdet	mein Leben traurig.
ich mein Schulbrot	vergessen würde	müsstest	ihr euer Essen mit mir teilen.

Wenn ich schon 18 Jahre alt (wäre), dann (würde) ich (arbeiten).

C3 47 ★★★ Schreibe die „wenn"-Sätze von Aufgabe 46 ins Heft und ergänze einen eigenen irrealen „dann"-Satz.

C3 48 ★★ Was ist die <u>Bedingung</u>, was die <u>Folge</u>? Unterstreiche. Schreibe dann ins Heft wie im Beispiel.

1. Zahn wehtun / zum Zahnarzt gehen
2. Fahrrad kaufen / Geld haben
3. Kacper älter sein, Filme ab 16 sehen können
4. ihr bessere Laune haben / Wetter in Deutschland schöner sein
5. Linh eine Nachricht schicken / Yusups Handy nicht kaputt sein

Bedingung   Folge
Wenn ... ( ) (würde), dann (würde) ... ( ).
Folge   Bedingung
... (würde) ... ( ), wenn ... ( ) (würde).

C3 49 ★★★ Bedingung oder Folge: Ordne zu und schreibe irreale Bedingungssätze ins Heft.

deutsche Grammatik einfacher   auf die Berufsschule gehen   Ausbildung machen
Realschulabschluss machen   schneller lernen   in einem interessanten Beruf arbeiten
studieren wollen   Abitur machen müssen

Ich würde schneller lernen, wenn die deutsche Grammatik einfacher wäre.

C3 50 ★ Was ist real? Lies die Texte und kreuze an.

Ich finde, die Schule fängt viel zu früh an. Wenn die Schule erst um 9 Uhr anfangen würde, wäre das ideal. Dann könnte ich länger schlafen, ich würde gut lernen und mir würde es viel besser gehen. Meine Mutter denkt, dass ich faul wäre, nur weil ich nicht pünktlich aufstehe. Ich würde ja früher ins Bett gehen und auch früher aufstehen, wenn ich könnte, aber ich kann nicht.

☐ Die Schule fängt um 9 Uhr an.   ☐ Ayman schläft lange.   ☐ Er kann gut lernen.   ☐ Er ist faul.
☐ Die Schule fängt vor 9 Uhr an.   ☐ Er schläft nicht lange.   ☐ Er lernt nicht gut.   ☐ Er ist nicht faul.

Ich würde mich sehr freuen, wenn ich ein Fahrrad hätte. Dann könnte ich jeden Morgen zur Schule fahren und müsste nicht auf den Bus warten. Alle meine Freunde haben ein Fahrrad und sie würden mehr mit mir machen. Aber ohne Fahrrad ist das schwierig.

Ayman ...
☐ hat ein Fahrrad.   ☐ wartet immer auf den Bus.   ☐ trifft seine Freunde oft.
☐ hat kein Fahrrad.   ☐ fährt mit dem Fahrrad.   ☐ trifft seine Freunde nicht, weil er kein Fahrrad hat.

★★★ Such dir eine Bedingung oder Folge aus und schreibe einen kurzen Text ins Heft.

Wenn ich eine Frau/ein Mann wäre, …

Mein Leben wäre ganz anders, wenn …

Wenn ich eine Erfinderin/ein Erfinder wäre, würde ich …

…, dann würde ich hier sehr glücklich sein.

…, dann würde ich ein großes Fest feiern.

★★ Ergänze die Fragen. Sortiere dann im Heft.   ★ Die Wörter helfen.

1. .... heißt „guter Verdienst"?

2. .... kann man verdienen?

3. .... ist eine „leichte Tätigkeit"?

4. Um .... eine Tätigkeit handelt es sich?

5. .... ist der Job besonders für junge Leute geeignet?

6. .... nur junge Leute im Team?

7. .... Voraussetzungen gibt es noch?

8. .... es noch andere Voraussetzungen?

9. .... verstehen Sie unter „gepflegte

Erscheinung"?

10. .... man eine Uniform anziehen?

11. .... gut sollte man Deutsch sprechen?

12. .... ich auch nachts arbeiten?

13. An .... sollte man am besten schreiben?

14. .... heißt der Ansprechpartner?

15. .... Sie noch jemanden für den Job?

16. .... könnte ich anfangen?

| wann • warum • was • was • was |
| was für • wen • wie • |
| wie • wie viel • welche • brauchen • |
| gibt • arbeiten • muss • müsste |

Interessanter Job für dich!
Guter Verdienst, leichte Tätigkeit.
Besonders für junge Leute geeignet.
Voraussetzungen: Gepflegte Erscheinung,
gute Deutschkenntnisse, Fremdsprachen.
Interesse? Schreib uns: pro_mo_tion_@mail.com

W-Fragen	Ja/Nein-Fragen
Was heißt „guter Verdienst"?	

★★ Unterstreiche den indirekten Fragesatz und markiere das Verb. Ergänze den Merksatz.

Ich möchte gern wissen, <u>wie alt man für den Job</u> sein muss.

Wissen Sie, ob man im Team oder alleine arbeitet?

Können Sie mir sagen, welche Sprachen man sprechen sollte?

Mich interessiert auch, wann die Arbeit anfängt.

Ich würde gern wissen, ob man Arbeitskleidung braucht.

Indirekte Fragesätze

› sind Nebensätze, das .... steht am Satzende.

› Indirekte ....-Fragen beginnen mit einem ....-Fragewort.

› Indirekte Ja/Nein-Fragen beginnen mit

....

Vor dem indirekten Fragesatz steht ein Begleitsatz. Wenn der Begleitsatz eine Frage ist, endet der indirekte Fragesatz mit einem Fragezeichen.

C7 54 ★★ Schreibe die indirekten Fragesätze richtig ins Heft.

1. Frau Langer möchte wissen, ob welche wir die Hausaufgaben gemacht haben . ?

2. Ich weiß nicht, ob welche Aufgaben wir machen sollten . ?

3. Weißt du schon, ob wen du heute Zeit hast . ?

4. Wisst ihr, ob wen wir heute als Vertretung in Sport haben . ?

5. Wer weiß, ob was wir heute den Test schreiben . ?

6. Kann mir einer sagen, ob worüber wir in Deutsch gesprochen haben . ?

7. Sage mir bitte heute noch, ob wann du am Dienstag um 15 Uhr Zeit für das Referat hast . ?

C7 55 ★ Formuliere weitere indirekte Fragen. Schreibe ins Heft.

1. Ich möchte gern wissen: Suchen Sie weibliche oder männliche Mitarbeiter?
2. Können Sie mir sagen: Was bedeutet „gepflegte Erscheinung"?
3. Ich wollte auch fragen: Braucht man andere Voraussetzungen?
4. Wissen Sie: Wie viele Stunden pro Tag arbeitet man?
5. Können Sie mir erklären: Was bedeutet „leichte Arbeit"?

Denke an das Komma nach dem Begleitsatz und das richtige Satzzeichen am Ende des Nebensatzes.

> 1. Ich möchte gern wissen, ob Sie ...

C7 56 ★★★ Schreibe fünf indirekte Fragen mit den Fragen von Aufgabe 52 ins Heft. Variiere den Begleitsatz: Schreibe an einen Freund, eine unbekannte Person, zwei bekannte Personen.

> Weißt du, ...
> Wissen Sie, ...
> Wisst ihr, ...

C7 57 ★★ Schreibe eine Mail. Ergänze deine Informationen und stelle indirekte Fragen.

An: pro_mo_tion@mail.com
Betreff: Anzeige Interessanter Job für dich

Sehr geehrte Damen und Herren,

mein Name ist _____. Ich bin _____ Jahre alt und gehe in die _____

Klasse an der _____ Schule. Ihr Jobangebot interessiert mich sehr, aber ich habe

noch ein paar Fragen. Können Sie mir sagen, _____

Ich würde auch gern wissen, _____

und _____

Außerdem wäre es für mich wichtig zu wissen, _____

_____

Meine letzte Frage ist, _____

Vielen Dank im Voraus für Ihre Antwort.

Mit freundlichen Grüßen

_____

12D Kunstaktionen

D1 58 ★ **Lies den Text von Aufgabe D1 im Schülerbuch auf S. 78 noch einmal. Verbinde Wörter und Erklärungen und notiere die Zeilenangaben.**

die Einleitung: Zeilen _____ beantwortet die Fragen „Was?", „Wie?", „Warum?"

der Hauptteil: Zeilen _____ beantwortet die Fragen „Wer?", „Wann?" und „Wo?"

der Schluss: Zeilen _____ ist kurz und interessant

D1 59 ★★★ **Lies den Text von Aufgabe D1 im Schülerbuch auf S. 78 noch einmal. Schreibe Randnotizen zu den Zeilenangaben.**

Zeilen 1–8: _____

Zeilen 9–11: _____

Zeilen 12–18: _____

Zeilen 19–24: _____

Zeilen 25–29: _____

★★ **Ordne die Randnotizen aus dem Kasten den Zeilenangaben oben zu. Schreibe auf.**

> Ich möchte … • Eine große Frage • unterschiedliche Länder – ähnliche Träume und Wünsche •
> Lustige und poetische Antworten • Eine Kunstaktion aus den USA geht um die Welt

D1 60 ★★ **Textknacker: Unbekannte Wörter. Welches Wort passt? Ordne zu.**
★★★ **Decke die Wörter im Kasten ab. Suche die passenden Wörter im Text von Aufgabe D1.**

> genießen • poetisch • sich Gedanken machen über etwas •
> die Reportage • etwas spricht jemanden an • tiefgründig

Unbekannte Wörter klären:
1. Erschließt die Wörter aus dem Zusammenhang.
2. Analysiert die Wörter.
3. Schlagt die Wörter im Wörterbuch nach.

1. ein Text, den ein Reporter schreibt › _____

2. besonders, wie Poesie › _____

3. nachdenklich, mit einem tieferen Sinn › _____

4. über etwas nachdenken müssen › _____

5. Genuss oder Freude an etwas haben › _____

6. etwas gefällt jemandem › _____

D1 61 ★★ **Die erste Kunstaktion: Suche die Antworten im Text von Aufgabe D1. Schreibe ins Heft.**

1. Wer hat die erste Wand aufgestellt?
2. Wann wurde sie aufgestellt?
3. Wie viele Wände gibt es schon?
4. Was passiert mit den Wänden?
5. Warum spricht die Aktion Menschen auf der ganzen Welt an?

D1 62 ★★ **Textknacker: Nomen und Zusammenhänge. Was bedeuten die markierten Wörter? Kreuze an.**

1. Als ich in den letzten Ferien in Hamburg war, fielen mir viele Menschen vor einer großen schwarzen Tafel auf. **Darauf** stand in großen weißen Buchstaben „Before I die …" und …

☐ auf der schwarzen Tafel
☐ auf den Buchstaben

2. … kleiner **darunter** mehrmals „Bevor ich sterbe, möchte ich …", auch in anderen Sprachen.

☐ unter der schwarzen Tafel
☐ unter den großen Buchstaben

3. Bunte Kreide lag **darunter** und jeder, der an der Tafel vorbeikam, konnte diesen Satz für sich beenden.

☐ unter der schwarzen Tafel
☐ unter dem Satz

4. Was möchte ich tun, bevor ich sterbe? **Darüber** musste ich mir erst einmal Gedanken machen.

☐ über das Sterben
☐ über das, was ich tun möchte

5. Die erste Wand stand in den USA, in New Orleans, der Heimatstadt der Künstlerin Candy Chang. Nach dem Tod eines geliebten Menschen strich **sie** schwarze Tafelfarbe auf eine Hauswand und …

☐ die Künstlerin
☐ die Heimatstadt

6. … schrieb **darauf** nur die Worte „Before I die I want to …".

☐ auf die Künstlerin
☐ auf die Hauswand

D2 63 ★★ **Suche die Verben im Text von Aufgabe D1. Ergänze die Zeilenangabe und die anderen Zeitformen. Das Wörterbuch hilft.**

Präsens	Präteritum	Perfekt	Futur I	Zeilenangabe
ich bin	ich war	ich bin gewesen	ich werde sein	Zeile 3
	sie fielen auf			
	sie schrieben			
	ich konnte lesen	✕	ich werde lesen können	
	ich recherchierte			
	es dauerte			
	sie standen			
	sie wurden gestaltet	sie sind gestaltet worden	sie werden gestaltet werden	
sie werden veröffentlicht				
sie werden abgewischt				
			ich werde reisen	
	ich wusste			
			ich werde sterben	
		ich habe besucht		
		ich habe geholfen		

★★ **Schreibe im Satzmodell.**
★ **Der Text von Aufgabe D1 hilft.**

Sätze mit *als, bevor, bis, nachdem, seit, während* sind Nebensätze, das Verb steht am Satzende.

1. ich – war – als – in Hamburg | mir – fielen … auf – viele Menschen

Als (ich) in Hamburg war, ⋯ (fielen) mir (viele Menschen) (auf).

2. manche Leute – schrieben – während | ich – konnte lesen – nur

3. ich – war – zu Hause – als | im Internet – ich – recherchierte

4. nicht lange – dauerte – es | Wünsche – bis – standen – auf der Wand

★★ **[Konnektor „als"] Ordne zu, verbinde die Sätze und schreibe im Satzmodell ins Heft wie im Beispiel. Ergänze dann den Merksatz.**

1. Ich bin nach Deutschland gekommen.
2. Ich habe meine Oma zu Hause angerufen.
3. Ich bin in die Klasse gekommen.
4. Frau Langer hat mich etwas gefragt.
5. Ich habe zum ersten Mal auf Deutsch geantwortet.

Alle haben mich angesehen.
Ich habe sie nicht verstanden.
Es war sehr kalt.
Sie hat geweint.
Ich war sehr stolz.

1. Als (ich) nach Deutschland (gekommen) (bin), ⋯ (war) (es) sehr kalt.

(Es) (war) sehr kalt, ⋯ als (ich) nach Deutschland (gekommen) (bin).

Nebensätze mit _____ benennen einen Zeitpunkt in der Vergangenheit. •

★★ **[Konnektor „seit"] Schreibe ins Heft wie im Beispiel und markiere die Verben. Ergänze dann den Merksatz.**

Ich lebe in Deutschland. › Ich lerne Deutsch. › Ich kann mit meinen Nachbarn sprechen.
› Ich verstehe sie. › Es geht mir besser. › Es gefällt mir in Deutschland.

Seit ich in Deutschland lebe, lerne ich Deutsch. / Ich lerne Deutsch, seit ich in Deutschland lebe.
Seit ich Deutsch lerne, kann …

Nebensätze mit _____ beschreiben eine Dauer von einem Zeitpunkt in der Vergangenheit
bis jetzt. • →

D3 67 ★★ [Konnektor „bis"] Verbinde die Sätze und schreibe ins Heft wie im Beispiel. Ergänze dann den Merksatz.

1. Linh wartet. – Ipek ruft an. – Es dauert noch eine halbe Stunde.
2. Rashed steht an der Haltestelle. – Der Bus kommt. – Es ist schon hell.
3. Die Schüler schreiben. – Es klingelt. – Es dauert noch 10 Minuten.
4. Frau Langer bleibt im Klassenzimmer. – Alle Schüler sind gegangen. – Es ist schon halb zwei.
5. Ismails Fußballmannschaft kämpft. – Das erste Tor fällt. – Das Spiel ist fast vorbei.

> 1. Linh wartet, bis Ipek anruft.
>   Bis Ipek anruft, dauert es noch eine halbe Stunde.

Nebensätze mit .... beschreiben eine Dauer von einem Zeitpunkt bis zu einem späteren Zeitpunkt. • → •

D3 68 ★★ [Konnektor „während"] Verbinde die Sätze wie im Beispiel. Ergänze dann den Merksatz.

1. Linh frühstückt und liest die Zeitung.

   Während Linh frühstückt, liest sie die Zeitung.

2. Sie zieht sich an und hört Musik.

   Sie zieht sich an, während sie Musik hört.

3. Sie fährt zur Schule und unterhält sich mit ihren Freundinnen.

   Während

4. Sie sitzt im Unterricht und malt ins Heft.

   Während

5. Sie macht Hausaufgaben und chattet mit Ipek.

   Sie

6. Sie liest ein Buch und isst.

   Sie

7. Sie schläft und träumt.

   Während

Nebensätze mit .... drücken aus, dass etwas <u>gleichzeitig</u> passiert.

D3 69 ★★ [Konnektor „nachdem"] Eins nach dem anderen I: Verbinde die Sätze und schreibe ins Heft wie im Beispiel. Ergänze dann den Merksatz.

1. Zuerst dusche ich, dann ziehe ich mich an.
2. Zuerst frühstücke ich, dann putze ich die Zähne.
3. Zuerst packe ich mein Schulbrot ein, dann gehe ich los.
4. Zuerst laufe ich 10 Minuten, dann fahre ich mit dem Bus.

> 1. Nachdem ich geduscht habe, ziehe ich mich an.
>   Ich ziehe mich an, nachdem ich geduscht habe.

Nebensätze mit .... drücken aus, dass etwas <u>davor</u> (vor der Handlung / dem Ereignis im Hauptsatz) passiert ist.

★★ [Konnektor „bevor"] **Eins nach dem anderen II: Setze die Geschichte von Aufgabe 69 fort und schreibe ins Heft wie im Beispiel. Ergänze dann den Merksatz.**

1. Zuerst treffe ich meine Freunde auf dem Schulhof, dann gehe ich in die Klasse.
2. Zuerst ziehen wir uns um, dann haben wir Sport.
3. Zuerst esse ich etwas, dann mache ich Hausaufgaben.
4. Zuerst kaufe ich ein, dann gibt es Abendessen.

> 1. Ich treffe meine Freunde auf dem Schulhof, bevor ich in die Klasse gehe.
>   Bevor ich in die Klasse gehe, treffe ich meine Freunde auf dem Schulhof.

Nebensätze mit .... drücken aus, dass etwas <u>danach</u> (nach der Handlung / dem Ereignis im Hauptsatz) passiert.

★★ **Bevor ich sterbe, möchte ich …: Beende den Satz für dich. Lass auch deine Freunde etwas aufschreiben und korrigiert euch gegenseitig.**

Bevor ich sterbe, möchte ich ....

Bevor ich sterbe, möchte ich ....

Bevor ich sterbe, möchte ich ....

Bevor ich sterbe, möchte ich ....

Bevor ich sterbe, möchte ich ....

Was heißt „Bevor ich sterbe, möchte ich …" in deiner Sprache?

Macht eine internationale „Before I Die"-Wand im Klassenzimmer und vergleicht eure Sprachen.

★★ [Temporalsätze] **Welcher Konnektor passt? Kreuze an.**

1. ☐ Als ☐ Bis ich heute aufgestanden bin, war ich immer noch sehr müde.
2. ☐ Seit ☐ Während ich gefrühstückt habe, habe ich eine Zeitschrift gelesen.
3. ☐ Nachdem ☐ Bis meine Schwester endlich im Bad fertig war, konnte ich die Zähne putzen.
4. ☐ Bevor ☐ Seit der Unterricht angefangen hat, hatte ich Streit mit meinem besten Freund.
5. ☐ Als ☐ Bevor wir im Klassenzimmer waren, wollte er nicht mehr neben mir sitzen.
6. ☐ Während ☐ Bis wir endlich ruhig waren, musste Frau Langer oft schimpfen.
7. ☐ Nachdem ☐ Während die Schule zu Ende war, habe ich mich bei meinem Freund entschuldigt.
8. ☐ Seit ☐ Bevor ich wieder zu Hause bin, habe ich nur ferngesehen.
9. ☐ Als ☐ Bevor meine Mutter nach Hause kam, hat sie den Fernseher ausgeschaltet.
10. ☐ Während ☐ Bevor es Abendessen gab, musste ich noch im Haushalt helfen.

★★★ **Schreibe noch mehr Temporal-Rätselsätze auf. Tausche mit einem Partner. Löst die Aufgaben und korrigiert euch gegenseitig.**

D6 73 ★★ **Wie baut man einen offiziellen Brief auf? Ergänze.**

der Ort • der Absender • die Anrede • die Unterschrift • der Empfänger • der Gruß • der Brieftext • ~~die Adresse~~ • das Datum • der Name • der Betreff • die Anschrift

....

....

.... / ....

Betreff

Anrede,

Brieftext

Gruß
Unterschrift(en)

Im Briefkopf stehen .... und
die Adresse des **Absender**s.
Im Anschriftenfeld steht .... des
Empfängers, das heißt der Name und die Adresse.

Rechts darunter stehen Ort und Datum.
Um was geht es? ....
fasst das kurz zusammen.
.... lautet:
• *Sehr geehrte Damen und Herren,*
• *Sehr geehrte Frau …, / Sehr geehrter Herr …,*
Die Anrede endet mit einem Komma und
.... beginnt kleingeschrieben.

.... in einem offiziellen Brief lautet:
• *Mit freundlichen Grüßen*
Unter dem Gruß steht ....

D6 74 ★ **Zu welcher These gehört welches Argument und Beispiel? Sortiere und schreibe dann ins Heft.**

Bauplan für das Argumentieren
T These (Behauptung)
A Argument (Begründung)
B Beispiel

T ☐1 Wir sind überzeugt, dass eine „weiße Wand" an der Schule nützlich wäre.

T ☐2 Wir glauben, dass „die weiße Wand" eine sinnvolle Kunstaktion für unsere Schule wäre.

☐ Denn jetzt werden viele Wände in der Schule ohne Erlaubnis beschrieben.
A „Die weiße Wand" könnte auch für lustige Sprüche und Graffitis genutzt werden.

☐ Sie würde das fächerverbindende Lernen fördern,
A weil wir diese Wand in Deutsch, Kunst und anderen Fächern zum Thema machen könnten.

☐ Zum Beispiel könnten wir in Kunst über die Gestaltung sprechen und fotografieren. In Deutsch könnten wir Texte für die Schülerzeitung dazu schreiben.
B

☐ Die Wand am Eingang zum Beispiel musste Herr Forti schon mehrmals neu streichen, weil darauf viele Graffitis waren.
B

D6 75 ★ **Sortiere die Teile und schreibe dann mit der Argumentation von Aufgabe 74 einen Brief ins Heft.**

☐1 Sehr geehrter Herr Menzel, ☐ Mit freundlichen Grüßen

☐ Das wäre eine Wand in der Schule, auf die alle Schülerinnen und Schüler schreiben und zeichnen dürfen. Darauf darf jeder loben, meckern oder einen Spruch schreiben.

☐ Unser wichtigstes Argument für „die weiße Wand" ist, dass Sie keine zusätzliche Arbeit damit hätten. Wir wollen uns um die Wand kümmern und sie regelmäßig neu streichen, damit sie wieder neu bemalt und beschrieben werden kann.

☐ Zusammengefasst lässt sich also sagen, dass das eine tolle Aktion für uns und unsere Schule wäre.

☐ Vielen Dank im Voraus für eine baldige Antwort.

☐ wir, die Schülerinnen und Schüler der Intensivklasse, wünschen uns eine „weiße Wand".

Nomen

das Abitur, -e	der Erfinder, -	die Schulart, -en
der Abschluss, ̈-e	die Erfindung, -en	die Schulleitung, -en
→ Schul–, Realschul–, ...– abschluss	die Firma, Firmen	der Spickzettel, -
	die Freiheit, -en	der Spruch, ̈-e
der Absender, -	die Fremdsprache, -n	das Studium, Studien
die Anrede, -n	der Führerschein, -e	das Talent, -e
die Anschrift, -en	der Job, -s	die Teamfähigkeit
der Ansprechpartner, -	die Karriere, -n	der Traumberuf, -e
die Argumentation, -en	der Kollege, -n	→ der Traumjob, –s
die Ausbildung, -en	die Kompetenz, -en	die Uniform, -en
der Beruf, -e	die Kritik, -en	die Universität, -en
die Berufsschule, -n	die Kritikfähigkeit	der Verdienst, -e
der Betreff, -e	die Leistungsbereitschaft	die Vertretung, -en
die Bitte, -n	die Lernbereitschaft	der Vorschlag, ̈-e
der Chef, -s	der Nachbar, -n	der Vorteil, -e
die Dauer	der Nachteil, -e	die Wirklichkeit, -en
die Deutschkenntnisse (Pl.)	das Organisationstalent	der Wunsch, ̈-e
die Diskussion, -en	die Party, -s	der Zeitpunkt, -e
das Durchsetzungsvermögen	das Praktikum, Praktika	der Zettel, -
der Empfänger, -	die Schlussfolgerung, -en	der Zukunftsplan, ̈-e

---

Wortschatz 1

Noch mehr Wörter – Berufe: Sortiere und schreibe ins Heft.
Schreibe die männliche und die weibliche Berufsbezeichnung auf.
★★★ Welche Berufe kennst du noch? Ergänze.

der Architekt, -en • der Arzthelfer, - • der Bäcker, - •
der Bibliothekar, -e • der Busfahrer, - • der Fotograf, -en •
der Frisör, -e • der Gärtner, - • der Hausmeister, - • der Ingenieur, -e •
der Kfz-Mechatroniker, - • der Koch, ̈-e • der Krankenpfleger, - •
der Künstler, - • der Lehrer, - • der Mechaniker, - • das Model, -s •
der Musiker, - • der Polizist, -en • der Reporter, - • der Sänger, - •
der Sanitäter, - • der Schulleiter, - • der Tänzer, - • der Trainer, - •
der Verkäufer, - • der Zahnarzt, ̈-e

Noch mehr üben?

- Übe mit den Bild-Wort-Karten zu Lektion 12.
- Schreibe *deine* Wörter ins Heft und ergänze eigene wichtige Wörter.
- Ergänze deine Sprache.

BILD-
WORT-
KARTEN

(Handwerk)   (Technische Berufe)   (Gesundheit und Medizin)   (Künstlerische Berufe)   (Dienstleistungen*)

der Bibliothekar,
die Bibliothekarin

*In Dienstleistungsberufen stellt man nichts her,
sondern leistet einen Dienst an oder mit Menschen.

Wortschatz 2

Welche Wörter aus der Liste passen? Schreibe ins Heft.

Schule und Lernen	Arbeitswelt	Freizeit
das Abitur	die Ausbildung	

Verben

abschließen	genehmigen	leihen	strukturieren
beenden	genießen	loben	studieren
durchlesen	heiraten	sich Gedanken machen	verbessern
erfinden	hoffen	meckern	vertreten
feiern	kämpfen	reisen	vorhaben
fördern	klappen	sterben	ziehen
zu etw. führen	jemanden leiden können	streichen	zurückkehren

Adjektive

ärgerlich	ideenlos	offiziell
belastbar	inkompetent	→ offizieller Brief
demotiviert	interkulturell	rechtzeitig
→ unmotiviert	kommunikationsschwach	respektvoll
doof	kommunikationsstark	sachlich
engagiert	kommunikativ	selbstständig
fair	kompetent	tief
faul	konfliktfähig	unentschieden
geduldig	kreativ	unselbstständig
gepflegt → gepflegte	lernwillig	unzuverlässig
Erscheinung	logisch	zusätzlich
gleichzeitig	motiviert	zuverlässig

Andere Wörter und Wendungen

bevor
bis
darunter
draußen
im Voraus
inzwischen
nachdem
seit
vorbei
während
zwischendurch

---

ortschatz 3

Verben: Schreibe zu allen Verben aus der Liste die 3. Person Singular Präsens, Präteritum und Perfekt ins Heft. Schlage im Wörterbuch nach, wenn nötig.

abschließen: sie schließt ab, sie schloss ab, sie hat abgeschlossen

---

ortschatz 4

Adjektive: Wie soll dein Mitarbeiter sein? Wie nicht? Sortiere im Heft die passenden Adjektive. Bilde Gegenteile und ergänze die Tabelle.

So soll mein Mitarbeiter sein	So soll mein Mitarbeiter nicht sein
belastbar	nicht belastbar

---

ortschatz 5

Wortfamilien: Welche Wörter aus der Liste passen? Schreibe auf.

1. der Abschluss – ....

2. die Kompetenz – ....

3. das Studium – ....

4. die Vertretung – ....

5. erfinden – ....

6. kommunikativ – ....

★★★ **Finde zu anderen Wörtern aus der Liste Wörter aus ihrer Wortfamilie. Schreibe ins Heft.**

der Absender – absenden, ...

---

ortschatz 6

Zukunftspläne: Wie stellst du dir deine Zukunft vor? Schreibe Sätze mit den Wörtern aus der Liste ins Heft.

Ich möchte an der Universität studieren und später als Ingenieurin arbeiten.

Meine Grammatik 12

Grammatik 1 **[Futur I] In 10 Jahren: Ergänze das Verb im Futur I.**

> ~~arbeiten~~ • machen • haben • sein • interviewen • unterrichten • wohnen

1. Maja *wird* bei einer großen Umweltorganisation *arbeiten* .

2. Kacper und seine Frau _____ in Berlin _____ .

3. Ich _____ glücklich _____ .

4. Frau Langer _____ immer noch Deutsch _____ .

5. Janina _____ als Radiojournalistin viele interessante Menschen _____ .

6. _____ ihr in 10 Jahren Kinder _____ ?

7. Und du? Was _____ du _____ ?

> Mit dem Futur I kannst du über Pläne und Absichten in der Zukunft sprechen.
> So bildest du das Futur I:
> Hilfsverb *werden* im Präsens + Infinitiv.
> Du musst *werden* konjugieren.

Grammatik 2 **[Konjunktiv II] Markiere die Verben im Konjunktiv II.**

1. Sergio ist gut in Mathe. Er ==wäre== lieber gut in Deutsch.

2. Kadir hat ein altes Handy. Er hätte gerne ein neues Handy.

3. Die Schüler würden lieber eine Geschichte schreiben,
   aber sie schreiben heute einen Test.

4. Könnten Sie das nochmal erklären, Frau Langer? Ich kann die Aufgabe
   nicht machen.

5. Herr Peters sagt, wir sollen die Hausaufgaben machen. Ich finde, wir
   sollten in der Schule gar keine Hausaufgaben bekommen.

6. Hättet ihr gern Unterricht bei Frau Blume? Ich hätte gern Kunst bei ihr.

7. Amer geht in den Zoo. Würdest du auch gern in den Zoo gehen?

> Der Konjunktiv II drückt aus, dass etwas nicht real, nicht möglich oder nur ein Wunsch ist.
>
> Der Konjunktiv II für *sein* und *haben* leitet sich vom Präteritum ab.
> du warst › du w==ä==rst
> er hatte › er h==ä==tte
>
> Die meisten Verben bilden den Konjunktiv II so:
> *werden* im Konjunktiv II + Infinitiv
> Ich ==würde== gerne länger ==schlafen==.

Grammatik 3 **Schreibe die Verben im Konjunktiv II.**

1. *Könnten* Sie das bitte noch einmal *sagen* ? (sagen können)

2. _____ ich bitte das Fenster _____ ? (zumachen dürfen)

3. _____ du das Wort an die Tafel _____ ? (schreiben)

4. Ihr _____ immer eure Hausaufgaben _____ ! (machen sollen)

5. Ich _____ dir heute Nachmittag _____ . (helfen können)

6. Wir _____ morgen einen Ausflug _____ . (machen können)

> Der Konjunktiv II von Modalverben leitet sich vom Präteritum ab.
> du konntest › du k==ö==nntest
> er durfte › er d==ü==rfte
> Der Konjunktiv II von *sollen* und *wollen* hat keinen Umlaut.
> Denke an das zweite Verb im Infinitiv.

Grammatik 4 **[Irreale Bedingungssätze] Ergänze die Verben im Konjunktiv II.**

> sein / schreiben • ~~sein / schlafen~~ • machen / sein • machen / haben

1. Wenn heute keine Schule *wäre* , dann *würde* ich lange *schlafen* .

2. Amer _____ seine Hausaufgaben besser _____ , wenn er zu Hause mehr Ruhe _____ .

3. Wenn heute Sonntag _____ , _____ du keinen Test _____ .

4. Kacper _____ den Führerschein _____ , wenn er 17 Jahre alt _____ .

[Indirekte Fragesätze] Frage höflicher: Schreibe eine indirekte Frage.

Grammatik 5

1. Was machst du nächste Woche?

   Weißt du schon, ...

2. Machen wir morgen einen Ausflug?

   Kannst du mir sagen, ...

3. Welche Voraussetzungen braucht man für die Arbeit?

   Ich möchte gern wissen, ...

4. Musst du viel arbeiten?

   ...., ...

5. Wann hast du Zeit?

   ...., ...

> **Indirekte Fragesätze**
> › stehen meistens hinter einem Begleitsatz
> › sind Nebensätze
> › werden durch *ob* (Ja/Nein-Fragen) oder ein Fragewort (W-Fragen) eingeleitet.

Grammatik 6

[Temporalsätze] Welcher Konnektor passt? Kreuze an. Unterstreiche den Nebensatz.

1. ☐ Bevor ☐ Als ich heute Morgen in die Schule ging, habe ich gefrühstückt.

2. ☐ Als ☐ Seit ich mit dem Fahrrad zur Schule fahre, komme ich immer pünktlich.

3. Es dauerte nur 15 Minuten,
   ☐ bis ☐ bevor ich heute in der Schule ankam.

4. ☐ Bis ☐ Nachdem mich Keying begrüßt hat, fragt sie mich immer nach den Hausaufgaben.

5. ☐ Während ☐ Seit wir die Aufgaben verglichen, hat Kadir die Aufgaben abgeschrieben.

6. ☐ Bevor ☐ Als Frau Langer zur Tür hereinkam und das gesehen hat, hat sie geschimpft.

> Temporalsätze sind Nebensätze.
> Sie geben den Beginn, die Dauer oder das Ende von Handlungen an:
>
> *als* › bestimmter Zeitpunkt in der Vergangenheit •
> *bevor* › eine Handlung passiert nach der anderen
> *bis* › Dauer von einem Zeitpunkt bis zu einem späteren Zeitpunkt • →•
> *seit* › Dauer von einem Zeitpunkt in der Vergangenheit bis jetzt • →
> *nachdem* › eine Handlung passiert vor der anderen
> *während* › zwei Handlungen passieren gleichzeitig

Grammatik 7

[Positionen im Satz] Schreibe die Sätze richtig.

1. Gestern / habe gehört / ich / Musik / , / während / gemacht habe / ich / Hausaufgaben

   ....

   ....

2. Nachdem / gelernt haben, / wir / gut Deutsch / wir / in die Regelklasse / können gehen.

   ....

   ....

3. diesen Satz / geschrieben hast / bevor / du /, / musstest / etwas nachdenken / du /.

   ....

   ....

☐ kontrolliert .... Datum, Unterschrift Lehrer/in